# 最期まであんきに暮らそまい

介護の社会化を進めた名古屋の女性たち

岡 久美子

ゆいぽおと

# 最期まであんきに暮らそまい

## 介護の社会化を進めた名古屋の女性たち

岡　久美子

# はじめに

私は現在75歳である。母は28年前に肺がんで、父は17年前に脳梗塞で亡くなっている。しかし、友人たちは、親の介護と看取りの真っただ中にいる。在宅で寝たきりの母親の面倒を見ているTさん。Tさんと家族の息抜きのために、時々母親に入院（レスパイトケア）してもらいながら、訪問診療と看護や訪問介護などのサービスを使い、仕事と介護を両立させている。ほんの数か月前に母を看取ったYさんも、毎日実家に通って朝ご飯を作ってから出社する生活を続けていた。高校時代からの親友Aさんも、昨年ご両親を相次いで看取っている。そういう私も、11歳年上の連れ合いが透析患者となり心臓の弁置換術の後、要介護2の介護認定を受ける身体になって帰宅した。そして3年前に亡くなっている。

この年齢になると、自分の健康状態と親や身内の介護の話で、「あなたも！」とお互いにため息をつきあうのである。

人は一生の間に自助努力だけでは解決できないさまざまな生活問題を抱える。世界に類を見ない高齢化率の伸展で長寿社会を迎え、同時に出生率の低下によって少子高齢社会を迎えた日本では、「高齢者介護」も大きな生活問題だ。それは他人ごとではなく、まさに「私の問題」としてわが身に降りかかっている。

## 1 「介護を放棄した無責任な妻!?」の嘱託殺人裁判

1992年7月10日金曜日、私は名古屋地方裁判所第903号法廷にいた。脳血栓症のため右半身マヒ・全失語症となった58歳の夫山野正さん(仮名)が、生きる望みを失い「死にたい」と懇願し続けることに負けて、53歳の妻圭子さん(仮名)が手をくだすという、名古屋市北区で前年10月23日に起きた刑事事件の裁判支援世話人として。

事件のあらましはこうである。山野正さんは4月に脳梗塞のため入院、しかし、脳の左半球壊死剥落による右半身マヒと、聞く、話す、読む、書くすべての機能を失う全失語症は治療によって回復することはなかった。

そして、5月にはリハビリテーションの為に転院する。名古屋市を南北に縦断して、車でも1時間以上かかる距離を、足の悪い妻の圭子さんは通いきれず、男性ばかりの病室に簡易ベッドを持ち込んで泊まり込み、昼夜の別なく献身的な介護に努めた。

しかも、休日には仕事に出かける正さんの息子2人が不自由しないようにと、帰宅して掃除、洗濯、買い物、炊事などの家事を片づけ、ゆっくり休息することはなかった。生真面目な正さんはリハビリテーションに懸命に励むが、一向に好転しない自分の障害に戸惑い、絶望し、病院の屋上へ行ったときなど、人目のないところでは妻の前で泣くようになっていった。

後に当時の担当医師は、「病院スタッフの前では明るくふるまう正さんや圭子さんが、そんなに追いつめられているとは気がつかなかった。不明を悔やんでいます」と裁判で証言している。

やがて10月に退院となるが、重い障害を抱えたままの希望のない退院であった。遠距離であるため病院の訪問看護も受けられず、正さんを支える人は妻以外誰もいなくなった。圭子さんも孤立無援の状態で介護と家事に追われながら、肉体的にも精神的にも追いつめられていく。

こうした無理がたたり、圭子さんは過労で倒れるが、息子たちが手伝おうとしても正さんは嫌がり、首を横に振るばかりだった。失語症で意思の疎通が困難であったこと、それまで一家の大黒柱として自宅の印刷所で働いていたのに、息子たちが入れる月10万円の収入を頼り、その上排泄などを息子の世話になるのには、父親として強い抵抗感があったようだ。

毎日激しく泣きながら体を震わせて左手で自分の首を絞め、身振りで「殺してほしい」と訴える夫の気持ちを変えようと、圭子さんは「お父さんそんなこと駄目だよ」と言い続けていた。しかし夫の気持ちは変わらず、23日「お父さんが楽になるなら」と、ついに正さんの望みを叶えてしまう。

「夫の介護を放棄した無責任な妻」といった論調の新聞記事を読んだとき、「子殺しと心中事件」を調査していた私は、「女性が家族に手をかけるとき、そこには彼女を追い詰める深刻な問題が存在する。女性自身も被害者だ」と直感した。何より、姑、両親、夫そして自らも老いと向き合う年齢に差し掛かった私にとって、重い介護を一人で担い疲弊していく圭子さんは明日の私の姿だった。また、元気に仕事や社会活動に励んでいた女性たちが、家族介護のために家庭に戻るのを目の当たりにするのも1度や2度ではなかった。

友人の女性弁護士からの依頼もあり、私は「山野さんを見守る会」（以下「見守る会」）の世話人となり裁判支援の渦中に飛び込んでいった。

日本では身内に病人や障害者がいる場合、その面倒を見ることは女性の役割とされ、妻や嫁や娘などに介護と家事の負担が集中する。世間体だけでなく、女性自身にも夫や親の面倒を見ることが愛の証といった規範が内在化されている。

私たち「見守る会」では、公判の度に介護の体験者や障害者や研究者などをゲストに招いて集会を持ち、会報を発行し、様々なメディアに寄稿して世論を盛り上げ、毎回傍聴席をいっぱいにした。男性裁判官に「社会的な受け皿が整備されていない現状では、山野さんは明日の私かもしれない」との多くの女性の思いを伝えたのである。

その結果「求刑懲役3年、執行猶予3年」という執行猶予のついた有罪判決が降りた。長くなるが判決文を引用してみる。

「本件犯行は、被告人が、半身不随のうえ全失語症になった夫の依頼を受け、その生命を奪ったというものであるが、当時満五八歳の夫には意識や思考に障害がなかったうえ、耐え難いほどの肉体的な苦痛もなかったことや、夫の長男及び次男と真剣に相談することなく自らの判断だけで夫の依頼に応じていることに照らし、被告人の本件犯行による刑事責任は決して軽くはないと言わなければならない。しかしながら、正が生存する限り誰かが正を介護し続ける必要があったのに、長男と次男のほか被告人に援助の手を差し伸べようとする者もなく、もとより被告人の家族には家政婦などを雇い入れるだけの経済的な余裕もなかったことなどに照らして考えると、半年間にわたり殆ど一人で献身的に夫の介護にあたってきた被告人が、殺して欲しいと訴え続ける夫を見て苦悩したすえ、その依頼に応じて敢行した本件犯行につき、被告人一人を責めるのは酷であり、その動機にも同情すべきものがあるというべきである、しかも、被告人は満五三歳になる今日まで前科も前歴もなく、本件で既に約八か月にわたる拘留を受け、その間夫の冥福を祈りながら拘禁生活を送っていること、また被害者の子である長男も次男も被告人の処罰は望まないと明言し、将来とも被告人と一緒に生活していく旨を表明していることなど被告人に有利な情状も多々あるので、これら諸般の事情を考慮して量刑した。」（判決文罰条　警報二〇二条（懲役刑選択）拘留日数算入　刑法二一条　執行猶予　刑法二五条一項　量刑の事情　平成四年七月十日名古屋地方裁判所刑事第五部より）。

私は、支援に駆けつけてくれた人々に席を譲り、廊下に立ち、扉をほんの少し押し開きながら「妻も被害者、医療・保健・福祉の貧困が夫婦を追い詰めた」との執行猶予付きの判決を聞いたときは「良かった！」と安堵し、不安で張りつめていた神経が緩んだ。と同時に、高齢者の介護問題と取り組むために新たな一歩を踏み出した私の中に、さらなる緊張感が高まっていった。「これですべてが解決したわけではない、圭子さんは嫁として、娘として、妻として介護の役割を一人で担わなければならない私だったかもしれない。同じ悩みを抱える多くの女性たちの姿かもしれない」と感じていた。

私は世話人として支援をお願いに出かけた先々で、すでに高齢者問題と取り組んでいる方々と出逢い、「見守る会」への篤い応援とともに、様々な示唆を与えられていた。

「見守る会」は裁判傍聴や世論の喚起など、圭子さんへの支援活動は盛り上がる一方、第2第3の山野さん夫婦を出さないための運動へと成長することができなかった。

「見守る会」の報告集の原稿をお願いするために電話の向こうの圭子さんは、まだまだ心の傷が癒えず苦しんでいるようだった。暮らしも犯行現場の自宅に戻り、再婚だった圭子さんは被害者の夫の子どもたちと一緒に生活を始めていた。手描きの細く震える文字で書かれた原稿には、支援者へのお礼とともに、「体がふわふわしてスポンジの上を歩いているような日々」「時にはぼんやりと1日が過ぎてしまうこともあります」といったことが書かれ、最後に、それでも「自分に出来る事から一つ一つ乗り越えるのも償いの一つの過程と思っています」と結ばれている。

介護保険制度も導入されていない１９９０年代、夫婦の一方が寝たきりになった場合どうするのか、医療体制や福祉行政と家族の問題を、介護の当事者となる私をはじめ多くの女性たちに、そして社会に問いかける事件であった。

こうして私は、専門的職業としての介護サービスを社会に用意して、そのサービスを個人や家族が日常的に取り入れることができる社会、つまり私的介護から社会的介護へと、介護にかかわる責任主体の基軸を変更する、「介護の社会化」をテーマとして取り組むこととなった。

## ２　「地域福祉を考える会」と私

「介護の社会化」をテーマにする場合、取り組む方向性は大きく二つに分かれる。一つは、有償労働の仕事としてサービスを提供した対価（賃金）を得ながら取り組む方法である。もう一つは、無償のボランティア活動としてサービスを提供する方法である。

私自身は、「介護問題は女性問題」ととらえて、社会全体で取り組む方向を模索していた。そんな時、公的訪問介護サービスを受けることができなくて「困っている目の前の高齢者を放っておけない」と、まずはボランティア活動でサービスの提供を始めたのが「地域福祉を考える会」（以下特に断らない限り「会」と表記）、そして代表の野村文枝さんだ。

１９８８年に結成された「会」は、名古屋市における住民参加型在宅福祉サービス供給組織である。主婦による住民参加型ボランティアヘルパーの実践は両義性を持っている。マイナス面としては、介護を「主婦役割」「非専門的労働」「低賃金不安定労働」「誰にでも、素人にでもできる」という社会的認知を作り出してしまった。その結果介護の賃労働化の過程で、訪問介護サービスの労働モデルが非正規の主婦パートタイマーを前提とすることとなったとの見方がある。しかし他方プラス面としては、地域福祉における高齢者介護制度の枠内に入り、現場のニーズを提示し、制度の創設や改善を実現させる先駆的実践者の役割を果たしている。

「会」の活動経緯を時系列に従い整理したものが表１「地域福祉を考える会」活動歴年表である。住民参加型ホームヘルプサービス中心期は、市民団体として独自事業を展開する「ふれあいサービス」時代と、名古屋市社会福祉協議会が名古屋市から受託した「なごやかヘルプ事業」への「ふれあいサービス」統合時代の２期に分かれる。さらに現場のニーズから生まれた「清水なかまの家」事業（配食サービスやふれあいサロン開催）や「なかまの家大杉」事業（社会福祉法人格を取得して介護保険制度のデイサービス事業者となる）を独自に展開する第３期。同時並行はするが、「会」の組織・運営を見直し「地域福祉研究会」として学習中心に活動し２０１５年閉会に至る活動

表1　「地域福祉を考える会」活動歴年表

| 西暦.月 | 元号 | | 会の動き |
|---|---|---|---|
| 1966.4 | 昭和41 | 会発足前史 | 名古屋市教育委員会主催老人福祉セミナー後学習グループ「若葉会」発足 |
| 1971.12 | 46 | | 「老人医療費無料化運動」実行委員会に「若葉会」参加．直接請求に必要数を大幅に上回る18万0442人の署名を集め，臨時市議会開催．条例は修正案ではあるが可決される |
| 1975.4 | 50 | | 地域ボランティアグループ「さつき会」「お年寄りの生活に触れて学び，自分たちの老後を考える」を目的 |
| 1984.7 | 59 | 住民参加型ホームヘルプサービス中心期 | 「第1回日本女性会議」名古屋にて開催．福祉分科会にて名古屋の介護事情が報告され，有志25名が**「地域福祉研究会」発足**．ボランティアのような制度の外側からだけでなく，介護人派遣事業に応募して制度の内側から発言する |
| 1985.2 | 60 | | 介護人派遣事業発足4か月．利用状況について行政担当職員と話し合い．住民参加型非営利有料有償事業の発想誕生 |
| 1986.6 | 61 | | 86年度第1回会合で，会の目的を在宅福祉サービスのシステム作りと，組織化を進めるための意見交換の場と決定．神奈川県と横浜市のホームヘルプ協会視察後，調査のまとめと具体案作りに取りかかる |
| 10 | | | 名古屋市家庭奉仕員（ホームヘルパー）と話し合い交流会開催 |
| 12 | | | 「住民参加型ホームケア協力者派遣組織」を名古屋市第4期婦人問題懇話会に提案 |
| 1987.2 | 62 | | ホームヘルパー，名古屋市介護人，民生委員，長期に病人の世話をした会員が，体験を出し合い，名古屋市の在宅ケアの在り方や制度の分かりにくさ等問題提起．「名古屋に住む私たちの老後に役立つヘルプサービスの供給組織づくり」の必要性を痛感，具体案の検討を進める |
| 3 | | | **「地域福祉を考える会」設立準備会発足** |
| 3 | | | 事業に関心を持つ「グリンぼっと」「婦人問題学習ぐるーぷいのち」「グループ・エイジレス」など4グループで地域連携の中で在宅療養支援の在り方を探る旨合意．小委員会を設けて組織化に向けて検討．4～6月には，組織内容や協力員養成カリキュラム作りを進める． |
| 9 | | | 名古屋市総合福祉会館にてスタッフ養成を兼ね在宅福祉基礎講座開講．応募総数295名，受講者55名． |
| 1988.3 | 63 | | それまでの経過を基に，事業内容や規約案等審議． |
| 6 | | | **「地域福祉を考える会」結成総会**．同時に住民参加型，非営利有料有償サービス**「ふれあいサービス」派遣開始**．3時間2000円の負担で気兼ねなくサービスが受けられる．研修を受けた主婦協力員による質に心を添えるサービスは好評，活動は潜在するニーズの掘り起こしにもつながる |
| 1989.4 | 平成元年 | | 「ふれあいサービス」を「なごやかヘルプ事業」への統合を決定 |
| 7 | | | 名古屋市ホームヘルプサービスについて名古屋市社会福祉協議会へ提言 |
| 1990.1 | 2 | | 「なごやかヘルプ事業」スタッフ養成研修に講師，助手等派遣 |
| 8 | | | **「なごやかヘルプ事業」発足と「ふれあいサービス」の統合** |
| 9 | | | **「瀬戸市地域福祉を考える会まごころサービス瀬戸センター」発足** |
| 1991.6 | 3 | | 『介護マニュアル』出版 |
| 11 | | 会独自事業のさらなる展開期 | 「食」をテーマとしたシンポジウム開催 |
| 1992.5 | 4 | | 名古屋市職員労働組合ヘルパー部会と交流会開催 |
| 7 | | | 「食事サービス事業研究会」「在宅ケア研究会」発足？？？ |
| 9 | | | **「大府市地域福祉を考える会ネットワーク大府」発足** |
| 1993.1 | 5 | | 「名古屋市高齢者保健福祉計画」への提言 |
| 12 | | | **「尾張旭地域福祉を考える会ぬくもり」発足** |
| 1994.6 | 6 | | **「尾張地域福祉を考える会まごころ尾張センター」発足** |
| 10 | | | 「食事サービス松栄事業開始」（食事事業研究会） |
| 11 | | | 10周年記念シンポジウム開催 |
| 1996 4～11 | 8 | | **「清水なかまの家」**事業開始（食事サービス研究会），高齢者ミニデイサービス「ふれあいサロン」開始．介護する家族をほっておけない会員が一緒に参加から発展．11月から「配食サービス」開始 |
| 1997.6 | 9 | | 『どうしますあなたと私の老後』児島美都子・地域福祉を考える会編ミネルヴァ書房発行 |
| | | | 組織・運営の見直し　会員96年100名から70名に　統合以来会の役割は学習中心となる |
| 1999.8 | 11 | | 社会福祉法人取得**「なかまの家大杉」**介護保険事業者の指定を受ける |

| | | | |
|---|---|---|---|
| 2000.4 | 12 | | デイサービスセンター「なかまの家大杉」開設、居宅介護支援事業「なかまの家大杉」開始 |
| 2000.7 | 12 | | 「地域福祉を考える会」解散後「地域福祉研究会」立ち上げ |
| 2005.9 | 17 | | 「傾聴ボランティアきたちゃん」立ち上げ |
| 2015.2 | 27 | | 「地域福祉研究会」閉会 |
| 2022.3 | 令和 4 | | 「清水なかまの家」終了 |

児島美都子・野村文枝編集『介護マニュアル』中央法規 1991、児島美都子・地域福祉を考える会編『どうしますあなたと私の老後』ミネルヴァ書房 1997、野村文枝『野村文枝の本　学習もだいじ　実践もだいじ』2007、野村文枝資料より筆者作成（2025 年 2 月）

と、さらに「きたちゃん」（傾聴ボランティア）を始める時期や、「清水なかまの家」を閉じる２０２２年3月に至る。

私自身「会」の会員でもあったが、『どうします　あなたと私の老後―名古屋の女性がとりくむ「介護の社会化」』（１９９７年発行　ミネルヴァ書房）では、野村文枝さんはじめ同会会員や研究者と共に編集・執筆を担当した。さらに２００６年から２００７年にかけては、「清水なかまの家」と「なかまの家大杉」で代表の野村文枝さんをはじめとする中心メンバーや参加者への参与観察及び半構造化面接による聞き取り調査を行い、同朋大学大学院で修士論文としてまとめた。２００９年には「なごやかヘルプ事業」を担当した4名の名古屋市社会福祉協議会職員へのインタビュー調査もしている。

最近では、２０１６年10月より「なごやのボランティア史（仮称）」編纂委員として、名古屋市社会福祉協議会職員（２００９年にインタビューをした「なごやかヘルプ事業」担当者も含む）や事務局を担う特定非営利活動法人ボラみみより情報局の職員や市民活動の仲間や研究者の方々と、野村さんが持つ50年分の膨大な資料等と格闘しつつ、編纂及び「介護の社会化」に関わるNPOや市民団体へのインタビュー調査も行っている。その成果は『名古屋ボランティア物語』（2020年発行　風媒社）として、故野村文枝さんの遺影の前に供えられた。

「会」の足跡を記した本は数冊あるし、『野村文枝の本　学習もだいじ　実践もだいじ』（自費出版）もある。今更私が何を書けるのか、との思いがパソコンのキーボードを打つ手を止める。しかし、「介護の社会化」をテーマに歩んできたこの数十年、節目節目で「会」の人々と野村文枝さんと関わってきた。「私と会と野村さんとの接点」を軸にするなら書いてもいいのではないか。私の修士論文を読んだ野村さんが、「そういう見方もあるのね」と言われた「そういう見方とは何だったのか」。今は鬼籍に入られた彼女に直接問うことは出来ないが、問い続けてみることにした。75歳の誕生日を迎えて、今再び、パソコンのキーボードを打ち始めている。

# 最期まであんきに暮らそまい

## 介護の社会化を進めた名古屋の女性たち

目次

## はじめに　3



## 第1部　住民参加型ホームヘルプサービスの創造　21



## 第2部　あんだけの人が要るならやろまい！　地域福祉、新しい課題への挑戦　51

# 第１部　住民参加型ホームヘルプサービスの創造

「老いの問題は、いずれは自分の問題である」避けて通ることはできない。「地域社会の中で、助け合って生きたい」（『ちいきふくし』第1号1988年8月）と考える名古屋の女性たちがいた。高齢者介護のホームヘルプサービス提供をボランティア活動で始め、やがて非営利型有償・有料の「ふれあいサービス」に発展させる。その実績が認められて名古屋市の「なごやかヘルプ事業」へと統合される。それは、必要なのに無いならまず私たちが始めよう！と先駆的サービスを開発して、より多くの人のために制度化を促す道のりであった。

## 第1章　ふれあいサービスからなごやかヘルプ事業まで

ふれあいサービスの創始者である野村文枝さんは40年のボランティア活動を振り返って、自分が暮らしの移り変わりに合わせて、「何を考え、何をしてきたか」を『野村文枝の本　学習もだいじ　実践もだいじ』に書き残している。

1925（大正14）年、金沢市の商家に長女として生まれ、祖父の勧める相手と結婚して、1951（昭和26）年夫の仕事の都合で名古屋市に移住した。ちなみに私の母も1925年生まれ、野村さんと同じ丑年で、私は1949（昭和24）年生まれである。活動中は気づかなかったが、野村さんは母と同い年だったのだ。

子育てがひと段落した1955（昭和30）年、新聞社が開設した婦人文化センターの講座をかわきりに学び始め、名古屋市教育委員会の成人向け講座「家庭婦人の老後について」を受講することで高齢者福祉と向き合う40年が始まる。

「ボランティアとは人間性をゆたかにする自己教育です」という、教育委員会の定義づけに心惹かれたとも書いている。行政が主導する官製のボランティア活動であるにも関わらず、行政にとって便利な単なる手足とならないで、自分たちの頭で考え行政に対して意見を述べている。その主体性はどこから来るのだろうかと、私は疑問を抱いていた。しかし、前述の本の中に、「婦人会館ボランティアビューロー協議会を結成して、ボランティア活動を『市民が行政に参加する一形態である』とする婦人会館との協同体制作りを進め、当時は学んだ知識を生かして、実践することがとても楽しかったのです」と書いている文章を読んで納得がいった。彼女にとってボランティア活動は、社会課題を解決するための政治参加だったのだ。

## 1　出逢い　ホロホロ、ホロホロと垢が洗面器いっぱいに

49歳の野村文枝さんが初めてボランティアのホームヘルプサービスを担当したのは、90歳代の女性だった。その人は、戦後すぐに亡き夫と建てたガスも水道もない8畳くらいの掘っ立

て小屋に一人で暮らしていた。

千種区役所の担当者から行くように言われて訪問しても、最初は「用事がない」と言って家の中に入れてくれなかった、門前払いだ。それでも1週間に1度訪問することを続けていたら、そのうち「あんた誰だね」とか、「わたしはね……」と自分の状態や思いを話してくれるようになる。以下は野村さんの話だ。


「なるほどおばあさん、本当に辛かったわな」など、共感できる部分があって、「おばあさん、何かしてほしいことある」と訊いてみる仲になった。

すると「もう長いこと顔を洗ってないから顔洗いたい」と。

ちょうど2月の終わりなので寒い。お湯を沸かしたいんだけれど、ガスは使えない。

「どうやるの」って訊いたら、

「コンロに廃材をくべて、ドクダミを煎じているからそれを使え」って言われる。

洗面器に指示通りお湯を入れて水でちょうどよい温度にしてタオルをつけたら、真っ黒になっちゃった。ドクダミを煎じたお湯だからね。でもお湯で洗ったら温かくて気持ちよくてうれしくて涙流して感謝感激された。それはいいんだけど、垢だらけだからホロホロ、ホロホロと垢が洗面器いっぱいに浮かんでくる。でも、自分のみっともない姿を見せたことと、私はそこまでやってくれる人間だという信頼関係がそこでできたと思う。

私がそのおばあさんから学んだことはね。人間関係づくりが大切で、人間関係はその人が一人の人として普通の人としてあつかわれること。尊厳を守ることがいちばん基にあって、それから年を取ったらこんな風になるのかとか、生活のニーズも、例えば助けてくれる人ヘルパーの確保と食事だということが見えてきた。49歳の時です。初体験で学びました。

## 2 「地域福祉を考える会」の前に

「地域福祉を考える会」は、自分自身の老後に不安を覚え、必要なサービスを開発して実践するという先駆的活動を通して制度化を促してきた。しかし、それは決して平たんな道のりではなかった。ボランティア活動は時に、行政などの手足となり便利に使われる人員として、考える頭や批判する口を持たずに働く団体が重宝がられることがある。なぜ官製のボランティアグループから出発したにもかかわらず、「会」はそうならなかったのであろうか?

同会のルーツは「若葉会」と言い、名古屋市の教育委員会主催の老人福祉セミナー（1965年）から生まれたグループだ。話し合い学習が中心で、参加する主婦たちは地縁・血縁などのしがらみに関係なく、「学ぶ」ために集まり、本音で語り合っていた。

語られる介護などの厳しい現実に対して、社会福祉制度には生活保護レベルの所得制限があり、特別養護老人ホームへの入所や家庭奉仕員派遣制度も普通の生活を営む市民の助けにはならないことを知る。

そんな中で、「70歳からの老人医療費無料化」要求の取り組みに出会い、専業主婦たちが署名活動や名古屋市議会傍聴を経験していく。修正案は75歳からの無料化となったが、可決され、「一人の力は小さくても、みんなが力を合わすなら、国さえも動かすことができる」連帯の力とその大切さを身をもって実感する。

その活動はやがて「お年寄りの生活に触れて学び、自分たちの老後を考える」ことを目的に「地域ボランティアさつき会」として約30人の会員とともに誕生していく。

## 3 「地域福祉を考える会」誕生

名古屋市が開催した「第1回日本女性会議」福祉分科会（1984年）では、高齢者介護事情が報告されたが、自分の老後は現状の福祉制度では保障されないことを憂慮した有志が集まって「地域福祉を考える会」を発足させる契機となった。

会長は野村文枝さん。事務局は彼女の自宅、名古屋市東区東大曽根町に置かれた。その日的は、「あたたかな助け合いの心と、活動の輪を広げ、地域福祉をすすめること。また事業を通して公的福祉制度の充実を促進させるとともに、地域社会の連帯と会員相互の親睦をはかること」と規約に書かれている。

制度の外側から発言しても行政から良い反応が得られなかったこれまでの市民活動の経験から、介護人派遣制度の介護人に応募して、制度の内側から制度を検証する活動を開始する。住民参加の介護人は、制度の内側にいても行政に雇用されるのではないから、意見が言いやすいとの判断である。

こうした実践活動をもとに、会の代表も委員として参加した「第4期名古屋市婦人問題懇話会」提言（1985年）に、公的責任において家庭奉仕員派遣制度を充実させることを要求するとともに、選択の余地が無い高齢者介護の現状打開策として、新しい民間のサービス供給組織を提案している。しかし、名古屋市には「市会議員に理解されていないため議会を通せない」と、提言は受け入れられなかった。これからの地域福祉推進の要とされている名古屋市社会福祉協議会（以降市社協）からは、「社協にはこんなことができる力はとてもとても……」と消極的な姿勢しか見られなかったと、代表は受け止めている（石井（岡）久美子 1997）。

「会」はこうした経緯を経て、自分たちが本当に必要とするならば、他を頼るより自分たちでまず行動を起こし、それによって世論を盛り上げ、制度化を引き出す必要性を痛感していた。

そこで独自に、住民相互の助け合いを目的にした、非営利、有料・有償サービス提供事業に取り組む決意を固める。準備として、地域ボランティアグループから自主団体「地域福祉を考える会」に組織変えも行っている。

会員は全て会費を納入したうえで、①スタッフ―地域福祉に関心を持ち、会の目的に賛同して、会の企画、運営及び事業に参加する人。このうち会の家事援助・身辺介護協力事業にサービスを提供する会員をスタッフと称する。会費は年額5000円、その内2000円はボランティア保険の掛け金である。②利用者―福祉サービスを必要として会に登録した人。会費は年額5000円。③賛助会員―会の事業や運営の財政的援助者。年会費は5000円以上。④友の会会員―会の目的に賛同し、将来ふれあいサービスを利用したいと考えている人。年会費は2000円。といった組織構成の中で立場を選択して活動する。

事業内容は、①在宅介護協力事業（ふれあいサービス）、②研修事業、③情報提供事業、④相談事業、⑤友の会事業（ふれあいサロン）があり、各事業ごとに会員の自主参加による部会制で運営されている。

さらに、会の最高決定機関として総会があり、毎年1回開催して、事業、財政、役員人事等について審議、決定する。

野村文枝さん

地域福祉を考える会「10周年・出版記念のつどい」
『どうします あなたと私の老後』
（ミネルヴァ書房　1997年刊）　ルブラ王山にて

## 4　先駆的実践が促した「なごやかヘルプ事業」の制度化

「地域福祉を考える会」は、それまでの地域ボランティアグループの活動から、住民参加型、非営利、有料・有償の在宅福祉サービス事業「ふれあいサービス」へと移行した（1988年）。利用者からは、「無償のボランティアだと頼みにくいけれど、有料ならかえって気が楽」と好評でもあった。その活動実績が認められて、市社協から住民参加型在宅福祉サービス事業を創設したいから、統合できないかという提案があった。

会は、それまでの「ふれあいサービス」の取り組みを通して住民参加型サービスには限界があること、市ヘルパーの補完であって代替にはなり得ないことを実感していた。

実態調査により住民参加型在宅福祉サービス供給組織の守備範囲を実証的に明らかにして、それをもとに「市ヘルパー」と新たに発足する「なごやかスタッフ」との役割分担のあり方、及び市直営事業と「なごやかヘルプ事業」の両方が発展する必要があることを提起しなければならないと考えていた。それは、先行組織である会に課せられた大きな役割でもあった。

調査の準備段階1989年4月からは、会と共同研究者との間で、問題意識の確認を行い、8月には以下の3つの調査を行うことや各調査票を決定した。調査は、

① 利用会員実態調査

② 協力員の生活と意識に関する実態調査

③ 協力員の業務内容調査（タイムスタディ）

の3種類を、協力員有志と日本福祉大学社会福祉学部の学生計約20名で9月から12月にかけて実施している。

調査の結果は、以下の通りである。

①「ふれあいサービス」は、市ヘルパーを利用できなかった人の代替サービスとなっており、重度者が多い。市ヘルパーは重度の障害を持つ人にはほとんど派遣されていない。
②「ふれあいサービス」は、市ヘルパー等のサービスが不十分な中では、利用者・家族に多大な効果をもたらしている。
③会の活動に対する協力員の心理的満足度は高い。
④協力員のふれあいサービスへの参加意識は〝就労する〟というより〝余暇を利用した社会参加〟との志向が強い、したがって公共的な性格を持つ事業というよりは、ボランティア団体の活動に近い。
⑤会の協力員の活動時間は、利用会員のＡＤＬや家族介護力に関係なく1か月約20時間と標準化されている。これはボランティア団体に近い会の性格のために、一定時間以上は一人の利用会員に対して協力員を派遣できないためである。

これらの調査結果を踏まえると、「ふれあいサービス」のような住民参加型在宅福祉サービスは、サービス利用者・家族やサービス提供者に満足されてはいるが、安定的なサービス供給には不向きであり、ホームヘルプサービスの中核にはなり得ない。住民参加型在宅福祉サービスは、中核的なホームヘルプサービス、訪問看護・往診等との協同の上で、その補完的・追加的・選択的サービスとして位置づけられることが明らかとなった（杉崎千洋　吉浦輪　１９９１）。

この調査結果は、「なごやかヘルプ事業」発足後に定期的に行われた会と市社協と市民生局との意見交換会等協議の場での、会が展開する主張の理論的根拠となった。会ではさらに、「ふれあいサービス」の事例集を出版して多くの人々に役立ててもらうことを考えた。

１９９０年９月の第１回編集会議で、基礎的な介護技術・知識についてのマニュアルは既にあるので、問題ケースへの対応の仕方、住民参加型在宅福祉サービスの業務の範囲の提示など、中級・上級者向けの内容とすることが決められた。構成の中心となった各論・事例では、多くの会員が事例の提供や執筆に関わり、識者がコメントを行った。会員にとっては、慣れない事例記録の掘り起こし整理を経て、ホームヘルパーとしての自己の業務を相対化・客観化する重要な契機となった。さらに識者のコメントは、業務に対する第三者の評価を聞くための良い機会となった。こうして１９９１年６月には『介護マニュアル』（中央法規出版）が完成、出版記念パーティーを開いている。

会は、市社協との事前協議の段階で、新しいホームヘルプ事業の狙いと財政基盤の保障に関する意見の一致ができたため、実施している在宅福祉事業を移行・統合して、事業の創設に協力する方向で市民生局と市社協との正式な協議を始めた。半年ほど協

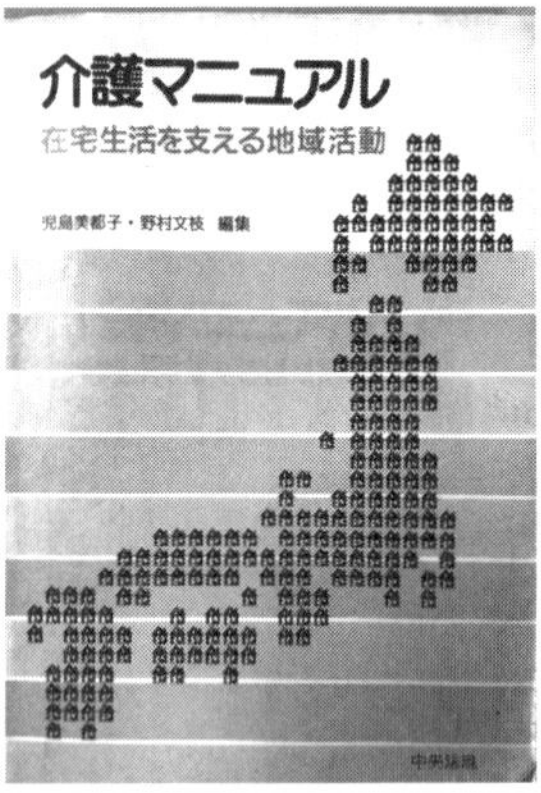

『介護マニュアル』
(中央法規出版　1991 年刊)

議を繰り返した後に、１９８９年11月17日の協議の席で、新しいホームヘルプ事業は、市社協が市から補助を受けて行う自主事業ではなく、市の委託を受けて行う委託事業とするという報告がされた。それは、それまでの交渉で積み上げられ、確認されてきた一致点を覆すほどの意味を持つものであった。しかし後述するように、会としては報告の持つ意味はよくわからず、委託事業となることの意味が鮮明にわかるようになったのは、新しいホームヘルプ事業が発足してしばらくしてからのことであった。とはいえ、野村さんのノート１９８９年9月20日～11月17日には、「加藤部長より報告　1、事業の性格が変わった　補助─委託に・その分社協独自性困難になる？（柔軟性）・行政側で枠作るため労使話し合いらしい（労使だけで利用代表入れないですすめれば介護人制度の二の舞になる?-）」といった鉛筆書きのメモが記載されており、野村さん自身が、問題点にも気づいておられたことが明らだ。

１９９０年8月からは、市のヘルパーが担う市直営事業と、登録ヘルパー「なごやかスタッフ」による「なごやかヘルプ事業」の2本立てとなり、市のホームヘルプサービスの名称は「名古屋市ホームヘルパー等派遣事業」と「等」が加えられて変更された。

新しく発足した住民参加型ホームヘルプ事業「なごやかヘルプ事業」の利用料は所得に応じて0～６５０円と安くなり、初年度は8割近い利用者が利用料金0円であった。また、スタッフの報酬は1時間７８０円プラス交通費であり、「なごやかスタッフ」は総勢４７０名でスタートした。会からは67名が各区社会福祉協議会（以下区社協と表記）に登録、活動を継続した。

制度化以前は、ボランティアの在宅福祉サービス提供を運営する会として、活動収入の10％を運営費に当てていたが、それだけでは事務所当番の日当にも充たず、コーディネーターの交通費も不足していた。それでも24時間ホームヘルプサービスを利用しなければ生活の維持が困難な障害者団体からは、料金を下げてほしいとの申し入れを受けて財政難に苦しんでいた。その上、ケアスタッフへの病気や事故の保障、研修内容の充実と常設研修トレーニング施設の確保等、安心して活動するための条件整備を充実させることも十分できない。何よりも小さな自主団体だけでは市全体をカバーすることは到底できず、限られた量のサービスしか提供することができなかった。こうした課題は行政の制度の枠内に入って活動を制度化することにより解決された。

しかし、良いことばかりではなかった。事前協議の合意では、「地域づくり、仲間づくりの視点を重視した、住民参加型の事業としてある程度は運営されるであろうとの予測、あるいは期待」ができていたが、市社協の自主事業（補助事業）から市の100％委託事業へと変更されたことから、住民参加型の事業であることが後景に追いやられていった。

自主事業であれば「なごやかスタッフ」は市ヘルパーの補完となる。しかし、100％委託事業であれば市ヘルパーの代替にならなければならない。そのために、「なごやかスタッフ」

は、市直営ホームヘルプサービスと共に名古屋市のホームヘルプサービスの中核部分とならなければならない。この事業の行政側の主眼は、地域づくり、仲間づくりや住民参加を促進することではなく、ホームヘルプサービスへの安価な労働力の提供であった。

突然の方針転換は、市職員労働組合に所属する市ヘルパーからの新しいホームヘルプ事業に市が補助金を出し、それを市社協の自主事業にするのは市の責任放棄であるという意見を市民生局が受け入れたためであった。市の責任に基づく事業であるからには、サービスの担い手の派遣やサービス内容の決定権は福祉事務所が持つべきである。さらに、名古屋市から市社協に委託するのであるから、市社協としての自主裁量は一切認められないとされている。

名古屋市職員労働組合と市民生局は、自治体が責任を持って市民生活を守るべきとの立場から、

① 補助金方式ではなく委託にすること
② 社会福祉事務所の責任で派遣の決定を行うこと
③ 職員ヘルパーとなごやかスタッフの役割分担を明確にすること

との申し入れによる「覚書」を取り交わし、施策を実施した（渋谷光美　2014：254）。当時公的責任を担うべき市ヘルパーは10年間に1人のみの増員で、実態としては、本来市ヘルパーの補完であるべき住民参加型在宅福祉サービス事業が、市ヘルパーの代替として市の

ホームヘルプ事業の一翼を担う存在として期待されていった。そんな中でも会は「なごやかスタッフ養成講座」協力者グループとして、「実践の中で得た助言を伝えることが使命」（「ふれあい通信」No.92）と考え、地域福祉の担い手としての責任を果たし続けていく。

## 5　有償ボランティアの矛盾を抱えて

「有償ボランティア」と称される個人の活動形態は、1980年代高齢者介護分野における会員制の「支え合い」活動から見えはじめ、1998年のNPO法施行以降はNPO法人内部における活動形態としても広がりを見せている。実費や報酬といった「謝礼金」は、援助を行う側の活動の促進や継続の一要因となり、援助を受ける側にとっては遠慮や気兼ねのない利用につながるメリットがある。

しかし、事故などが起きたときの責任の所在もあいまいで、安上がりの労働力として使われるのに、労働者として関連法令に守られることもなく、さらには無償性を原則とするボランティア活動の精神基盤を危うくする場合もあるなどのデメリットも存在する。

「さつき会」が名古屋市における地域ボランティアグループ第1号として在宅老人への無償のホームヘルプ活動を始めた1975年は、オイルショック後の福祉見直しが行われていた時代で、福祉政策もサービスの抑制と施設への入所から在宅サービスへの移行が始まっていた。

例えば「これからの老人福祉政策は、―中略―できる限り地方分権と住民参加を図る」（『老人福祉の在り方について（建議）』社会保障制度審議会　1985年）や、介護サービス供給体制を確立するために、「地域の相互扶助を促進しつつ、地域におけるサービス供給体制の体系的な整備を図る」（『長寿社会対策大綱』「2 健康・福祉システム」厚生省（現：厚生労働省）1986年）といった方針に基づき、全国的な傾向としてボランティアを有償化させ、公的ヘルパーの替わりに介護マンパワーの中に組み込むところが目立っていった。

「さつき会」が活動を始めてから10年余りを経ても210万市民を抱える名古屋市で、市職員のホームヘルパーは110人のままで増員要請をしても叶えられず、不足するホームヘルパーは、ボランティアが補っており、ボランティアも目の前の困っている高齢者と家族を見るに見かねて、矛盾を抱えながらの活動であった。

専業主婦によって支えられているボランティア活動は「夫の収入の傘の下の社会参加」と指摘され、福祉現場で働く女性労働者の賃金や時間などの労働条件を悪くさせることや社会的地位を低くする等、福祉との関係だけで議論されてきたボランティア活動に、性別役割分業やアンペイドワーク（無償労働）を担う女性問題の視点からの見直しが加わることとなっていく。

公的サービスの不足を女性の住民によるサービスとして低賃金で処理することなどに悩み

ながらも、会は有料・有償のふれあいサービスを開始し、その実績が認められて名古屋市社協の「なごやかヘルプ事業」へ統合していった。

その道のりは決して平たんではなく、野村さんの分厚い大学ノートには「役員会」の記録として、統合に関するメリットとデメリットについて討論された事柄や、市や市社協との話し合いなどについて詳細が記録されている。

## 6 オンブズマンとして、情報発信者として制度を発展させる活動

市ヘルパーが大幅に増員されるのが最善でも、その現実性がほとんどない中で、少しでも介護問題を解決・軽減するために、福祉施策の学習・評価・提言や、市民運動、事業を展開していた会は、サービスの制度化だけで会の役割が終わったとは考えていなかった。「なごやかヘルプ事業」への統合を機に、会には新しい課題と役割が生まれたのである。会は2つの主要な課題と2つの補足的な課題に取り組むこととなり、「2＋2」の課題を4部会・1グループで役割分担することに決めた。

主要な課題の第1は、市の在宅福祉サービスのオンブズマン(ombudsman)として、情報の収集、分析・評価、改善課題・政策課題の提言などである。主要な課題の第2は、地域で安心して老

後を迎え過ごすために必要な、保健・医療・福祉などの制度やサービスを発展させるための世論起こしの活動である。毎年一つの課題を設定し、それに関する学習・見学、調査・検討を行い、それらに基づきシンポジウムを開催して、広く市民への問題提起を行っている。

2つの補足的な課題は、なごやかヘルプ事業を内部から支える活動であった。

主要な課題の第1は、会独自で行う事例検討会があげられる。目的はなごやかスタッフとして活動する会員の質の向上を図ることである。第2は、「なごやかスタッフ養成研修」に講師・助手を派遣し、スッタフの養成に協力することである。これは会が市社協から一部委託を受けている事業でもある。

会の組織は「なごやかヘルプ事業」発足後の総会で大きく改変され、その後も数度にわたり部分的な変更が加えられているが、図1及び図2に示すとおりである。

こうした活動を支える会員は67人（1996年4月26日現在）で、地域福祉研究会からのメンバーで会の創設に関わった人たちが数人である。そのほかに、ふれあいサービスを実施していたころに入会した人たちでサービスの協力員として活動した経験を持つ人たちは、なごやかスタッフとして活動を継続している人も多い。さらに、なごやかスタッフ発足後に入会した人たちで、スタッフになったのちにあるいはボランティア活動を通して会のことを知った人たちであ

図1　地域福祉を考える会組織図（1995年4月26日現在）

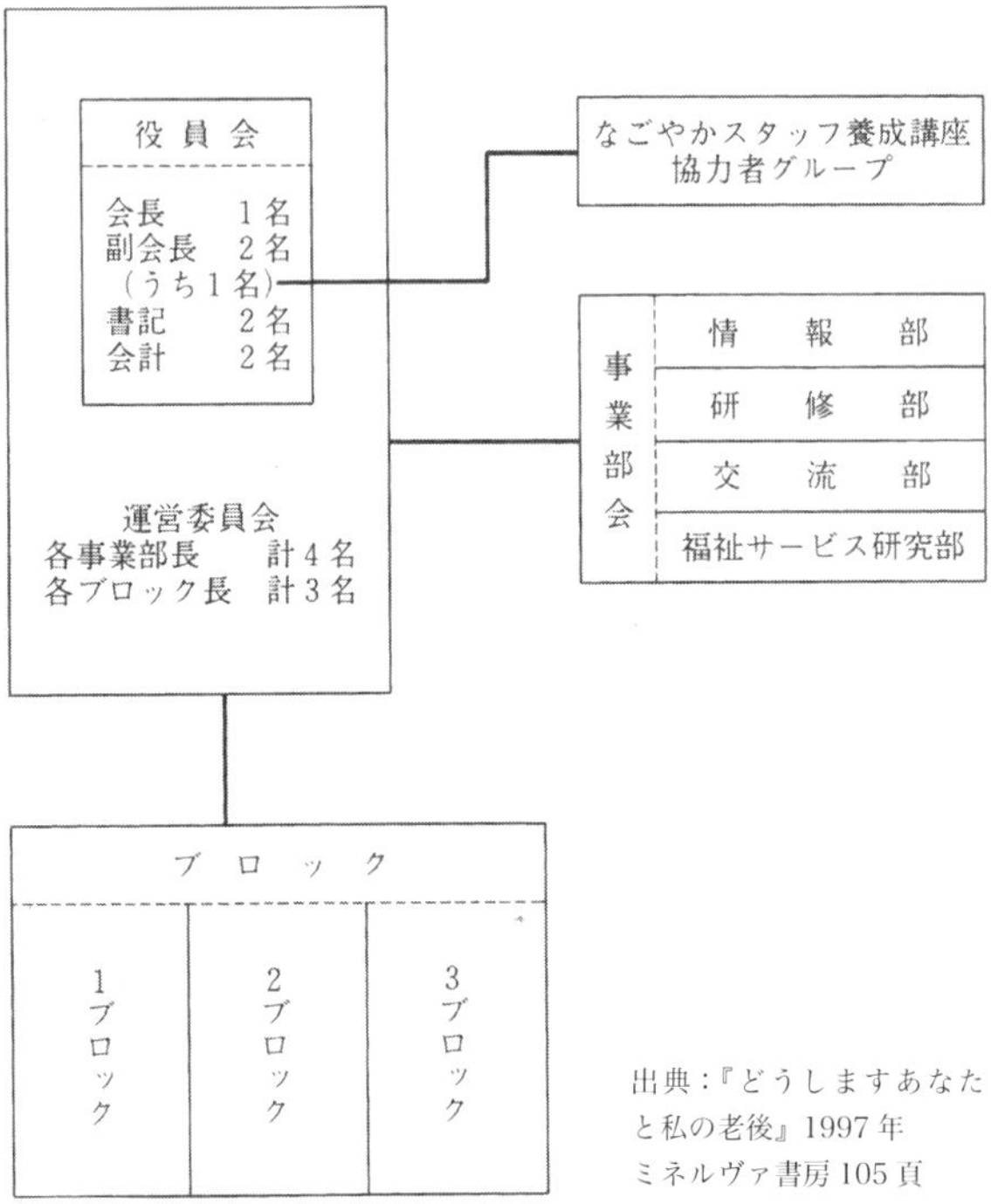


出典：『どうしますあなたと私の老後』1997年ミネルヴァ書房105頁

る。創設以来の人を除いた会員の前者と後者の割合はおよそ2対1程度であった。改変された組織は、「2＋2」の課題に取り組むために機能的に編成されている。図1を見ると大きく3つの部分から構成されている。その1つは「ブロック」であり、すべての会員はどこかのブロックに所属している。2つ目は会の運営に責任を持つ「運営委員会」である。役員及び各事業部の長そして各ブロックの長により構成されている。3つ目は4事業部と1グループである。この部会とグループが会の「2＋2」の課題を分担して担っている。より機能的な組織に編成替えをする段階で、なごやかヘルプ事業発足前まであった、ふれあいサービス事業部（ふれあいサービスの運営に責任を持つ部）と友の会事業部（ふれあいサービス協力員としては活動できないが、将来ふれあいサービスの利用者になるかもしれないので会員として所属していたい人の部）は廃止された。

課題を担う4事業部と1グループの役割はこのようになっている。

1　情報部

なごやかヘルプ事業発足前から継続している部会。会内外への在宅福祉サービスの情報提供や会員の相互交流を目的に機関紙「ちいきふくし」を年1回、会報「ふれあい通信」を月1回発行する。会の活動方針や活動状況、会員の意見などが掲載されている。

2　研修部

なごやかヘルプ事業発足前から継続している部会。会員のニーズに応じたテーマで学習会・見学会などを企画する。さらにそれらを集約して世論起こしを目的としたシンポジウムを年1回開催する。

3　交流部

それまでの友の会事業部を継承・発展させ、1990年4月の総会で新設された。対外的には従来からの「ふれあいサロン」の企画・実施である。対内的には会員の親睦を目的とした高齢者向け料理講習会や新年会などを開催している。

4　福祉サービス研究部

なごやかヘルプ事業が発足した翌年1991年に新設された、なごやかスタッフ部が前身である。なごやかスタッフの情報交換をして、活動上の悩みや不満を出しあい、問題を整理・分析して解決を図る場として機能した。その後、なごやかヘルプ事業だけを活動の対象としないで、在宅福祉サービス全体に目を向けるべきとの認識から1994年度総会で名称変更した。この部会が中心となり、なごやかヘルプ事業及び名古屋市の在宅福祉サービスのあり方について市民生局・市社協と年1回意見交換会を行っている。さらに会独自でなごやかヘルプ事業利用者の事例検討会も行っている。

5　なごやかスタッフ養成講座協力者グループ

この総会で新設されたグループである。スタッフ養成研修に講師、助言者、実技助手として会から派遣されている人々のグループである。研修での報告内容の統一や、講座への主体的なかかわり方などを検討して、受講者に住民参加型事業の意義を伝えることを考え、実行している。

さらに、「2＋2」の主要な課題・補足的な課題と4事業部と1グループの関連は図2のとおりである。

図2　オンブズマンとして、情報発言者として

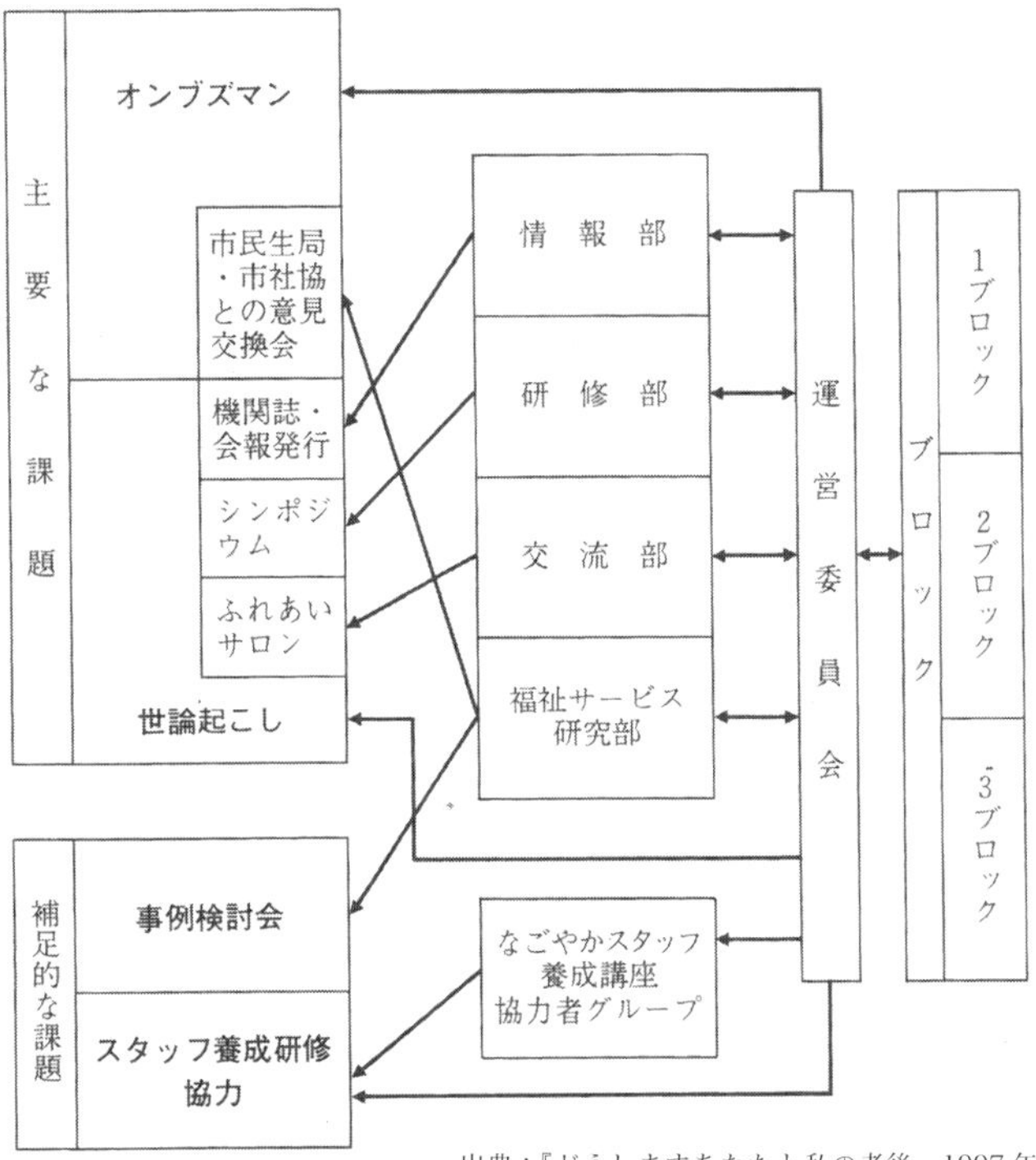


出典：『どうしますあなたと私の老後』1997年ミネルヴァ書房107頁

オンブズマンとしての活動は福祉サービス研究部が担当している。世論起こしの活動は、情報部・研修部・交流部がそれぞれ担当している。事例検討会は福祉サービス研究部が担当、養成研修はスタッフ養成講座協力者グループが担当している。すべての課題に対して運営委員会が必要に応じてバックアップしているが、特にオンブズマンとしての活動と世論起こしの活動におけるシンポジウムの開催、養成研修には力を入れている。

前述したように、「なごやかヘルプ事業」開始後、市民生局と市社協との事前協議で合意した、地域づくり、仲間づくりの視点を重視した住民参加の事業として運営されると期待していた会の思いは、裏切られた。

実践を続ける中でさまざまな問題点が明らかになり、「ふれあいサービス」を「なごやかヘルプ事業」に移行させたものとして、事業を改善していく責任があると考え、オンブズマンとしての役割を果たしていく。

福祉八法（「老人福祉法等の一部を改正する法律」（1990年法律58号）老人、身体障害者、精神薄弱者（現知的障害者）、児童、母子及び寡婦各福祉法と社会福祉事業法（現社会福祉法）、老人保健法、社会福祉・医療事業団法の8つの福祉関係法）の改正を受け、名古屋市でも1992年より「高齢者保健福祉計画」策定の準備に入った。会でも、「高齢者保健医療福祉推進市民会議」へ参加するとともに、会独自の提言書を作成して1993年10月に名古屋市長と市社協・なごやかヘルプ事業センターに提出した。

『名古屋市老人保健福祉計画』名古屋市ホームヘルパー等派遣事業に関する提言」の内容は以下のとおりである。

はじめにでは、「なごやかヘルプ事業」は住民参加型、非営利、有料有償の在宅福祉サービス供給組織であり、「なごやかスタッフ」は登録ヘルパーとして位置付けられていることを確認している。社会参加を目的とし、活動可能な時間を登録し、その範囲で活動に参加することになっているため、稼働率には限界がある。市や市社協とは雇用契約をしていないので、リスクは自分持ちであり、したがって担当可能ケースは限定されている。3年間の活動経験を踏まえて「住民参加型の活動では公的なホームヘルプサービスの中核を担うことは無理である」ことを痛感した。在宅福祉サービスは普遍性、包括性、即応性、近隣性を原則とし、それらは公と民の協働なしでは実現しない。今後も当該事業のよきパートナーであるためにも、「介護サービスの中核を担う体制の整備とホームヘルプ事業のあり方」について提言する、としている。

提言の大項目は3点である。

① ホームヘルプサービスの基本的な考え方

公的責任において、保健・医療と連携しながら、生活圏域(中学校区)でのサービス提供体制の確立

② 相談援助体制

相談窓口の総合化、援助体制の確立、保健・医療との連携体制の確立

③ マンパワー体制

マンパワーの確保では、特に市職員ヘルパー・パートヘルパー・なごやかスタッフの3層構造とし、市職員ヘルパーの大量増員、公務員ヘルパーに準ずるパートヘルパー制度の創設、男

性ヘルパーの積極的採用など。ホームヘルプサービスの改正では、派遣時間、派遣方法等を、市民のニーズにあった提供とする。役割り分担と質の確保では、コーディネート専門職員の配置、役割に応じた職員研修の徹底。その他ではなごやかスタッフの活動条件を整備し、自主グループ活動、仲間づくりの支援により活動意欲の喚起と定着を図る

などが提言された。

『名古屋市高齢者保健福祉計画』は、1993年10月に素案が公表され、1994年2月に成案が発表された。会も参加した「高齢者保健医療福祉推進市民会議」、市職労等17団体の提言が市に示されたが、それらのほとんどは成案の中に取り入れられなかった。取り上げられた項目も、数値目標を掲げた年次計画や財源確保の見通しもなく、「検討」の対象とされる具体的保障のないものであった。

成案が発表された年は「高齢者保健福祉推進十か年戦略の見直しについて（新ゴールドプラン）」が策定され、前年に「介護保険法」成立に向けて、厚生省（当時）内に「高齢者介護問題に関する省内検討プロジェクトチーム」が立ち上がり、1997年「介護保険法」成立に向けて「高齢者福祉制度」が大きく変容する転換期であった。

しかし、会は毎年課題設定してシンポジウムを開催し、そのまとめを「ちいきふくし」に

掲載して、世論喚起をしつつ、同時に市民生局と市社協と会との意見交換会を地道に継続していた。

そこでの主な論点は5点であった。以下は、問題提起とその改善点である。

①　区社協職員によるコーディネート体制の充実

専任のコーディネーターがいないため増加する利用者とスタッフに対応できない。専任者の配置を要望。

⇩

コーディネート専任ではないが、各区社協に1人ないし2人の常勤職員を配置することができた。

②　スタッフ研修の質の向上

住民参加型事業の意義は、労働力の提供による市ヘルパーの代替ではなく、地域づくり・仲間づくりにある。しかし、市社協はスタッフ養成研修の性格を独自のものから、厚生省のホームヘルパー養成研修2級課程に変更する際、実技時間を増やすために会が担当する講義枠の削除を求めた。

⇩専門委員会でも論議の末、厚生省の指定研修となった後も会の講義を実施することとなる。

③　スタッフの安心安全

スタッフを感染症をはじめとする事故から守るための対策と、事故に遭ったときの補償。

⇩業務との関連で発症したことが立証できれば、全スタッフが加入する「在宅福祉サービス総合保障」を適用する。利用者が感染症であることが判明したケースは即刻市ヘルパーが担当。

④　身分保障の確立した新たなマンパワーの大量確保

市ヘルパーとなごやかスタッフの役割分担を明確にする。市ヘルパーをチーフヘルパーと位置付け、コーディネート・ケアマネジメントを行う。チーフヘルパーの下にパートヘルパー、なごやかスタッフを配置してチーム制とし、小学校区単位の日常生活圏域を担当する。これらの提案は、全国の自治体で公務員の定数が抑制されていたため、何故公務員・常勤ヘルパーでなければならないかとの理論的応援策でもあった。

⇩市ヘルパーは利用者への直接サービスの提供にこだわり賛同を得ることはできなかった。しかし、専門的力量を養成するための職員研修の充実に関しては、１９９５年10月からケアヘルパーが、遅れて1996年10月からはパートヘルパーの導入と、それを土台にした派遣回数の増加や、スポット派遣の新設、年末・年始や休日におけるサービス拡大等が実施されている。

⑤　窓口業務の改善

各区役所福祉課福祉係、（以前の福祉事務所。1993年4月より組織・名称を変更）での対応の即応性。

⇩

市社協は、委託事業の裁量権を得て早朝・夜間・日曜日等の市制度対象外となるサービス、公的サービスになじまない生活の質や生きがいを高めるサービス、高齢者・障害者以外を対象としたサービスの独自事業としての提供や、区社協が窓口機能を持ち柔軟・迅速な対応を可能とする。

こうした経過を分析すると、会のオンブズマンとしての活動は、ささやかではあるが、名古屋市の在宅福祉サービスに影響を与えてきたことが明らかとなる。しかし、市職員労働組合に所属する市ヘルパーたちからの「『新しいホームヘルプ事業に市が補助金を出し、それを市社協の自主事業にするのは市の責任放棄である』という意見を受け入れ、市の責任に基づく事業であるからには、サービスの担い手の派遣やサービス内容の決定権は福祉事務所が持つべきであること。さらに、名古屋市から市社協に委託するのであるから、市社協としての自主裁量は一切認められない」との基本方針はゆるがなかった。

その結果、全国地方自治体との比較をすれば、名古屋市の福祉サービスの水準は極めて低く、ホームヘルプサービスでは１９８８年度は全国47都道府県及び11政令指定都市中56位、１９９４年度は57位である。厚生省にも「在宅福祉後進都市」と指摘されたことは、第一義的には行政の責任であるが、同時に住民の力も問われる。

「学習もだいじ実践もだいじ」という思いは、「福祉は権利」をめざし、浦辺史、児島美都子、大友信勝、杉崎千尋ら学識経験者とともに学び実践しながら課題を理論化していき、提言を根気よく続ける直接的市民参加活動となり、市のホームヘルプ制度の創設とさらに改革にも大きな役割を果たしている。

「ふれあい通信」以外にも調査・研究等をふまえて情報発信が続けられた

# 第2部　あんだけの人が要るならやろまい！　地域福祉、新しい課題への挑戦

在宅福祉サービスを提供していると、高齢者の困りごとが見えてくる。「地域福祉を考える会」はそんな新しい課題解決策も開発、実践して、制度化につなげていこうとする。

# 第1章 「清水なかまの家」生活支援型配食サービスの開始

## 1 松栄での第一歩、配食サービスを始めよう

ホームヘルパーとして利用者宅を訪問していると、さまざまな新しいニーズに気がつく。例えばヘルパーが来ないときの食の保障もその一つだ。高齢者もせめて一日一食栄養バランスの良い食事をとれば健康な生活を維持できることがわかっている。食事の支度ができないから、妻は息子のところへ夫は娘のところへと、別々に引き取られて夫婦が遠く離れ離れになるといった事例もあり、野村さんはじめ会のヘルパーは心を痛めていた。

住み慣れた地域で安心して暮らし続けるための条件の一つとして、在宅高齢者の「食の保障」という新たな課題に気づいた会は、1991年11月高齢者の食に関する公開シンポジウムを開催、翌年7月には「いのちを保持し健康や生きがいを引き出す食事サービス事業のあり方を研究し実現させること」を目的として「食事サービス事業研究会」を発足させた。野村さんは、

会員の希望や熱意の違いからくる「会」のありように伴う悩みとともに、この事業へは「研究だけでなく実現させること」に熱い思いを寄せていた。

しかし、調理をするための厨房を探してもなかなか見つからない。公的な場所として考えられるのは各区にある社会教育センターの厨房かコミュニティセンターの湯沸かし室であるが、どちらも施設の性格上そして設備的にも食事サービス事業の調理場所として特定の団体が専用に使用することはできなかった。独り暮らしのお年寄りなどから自宅を使ってもいいよとの申し出が何度かあったが、それも遺産相続などで身内から反対があり、個人の好意に期待することは難しかった。

そこで社会的活動をしている民間施設を対象にすることとして、昭和区のＡＪＵ自立の家に出かけ、そこで、「遠くの親戚より近くの他人」と助け合う仲間づくりを目的に地域活動を続けている「長戸ボランティアグループあじさい」代表の清水昭子さんと再会する。会員の減少と高齢化に悩んでいた「あじさいの会」は「食事サービス事業研究会」と連携することで、新しいエネルギーを注入し、若返りを図ることができると考えた。他方野村さんたちにとっては、実践グループとの連携は厨房の確保だけでなく、地域での配食事業へのニーズ把握や人材の確保ができる。こうしてふたつのグループが協力し合って「食事サービス事業」の第1歩は「あじさいの家」の台所を改修して始まった。

同じころ厚生省（当時）では『在宅高齢者等日常生活支援事業の実施』（１９９４年）の中で、配食サービスを「在宅の日常生活を維持するうえで不可欠なサービス」と位置づけ「デイサービスセンターを用いないで実施する場合でも国庫補助の対象とし、地域における在宅福祉サービスの一層の推進を図る」と記している。

しかし、名古屋市では『高齢者福祉のあらまし』（１９９４年）に、「地域のボランティアの人たちが、食事を65歳以上の一人暮らしの方の自宅まで届けたり、集会所などで会食したりして、食事の栄養バランスを図るとともに、地域の方々とのふれあいを深めていただいています」と記されてはいるが、実際に配食をしているのは守山区のみであった。会食と配食を組み合わせているところでも年数回から月1回がほとんどだった。名古屋市の給食サービスは会食をする「ふれあい型」中心で、それも市内全学区の2分の1が実施するまで15年もかかっている。

「食事サービス事業研究会」は設立総会直後から、7月22日には先進地東京都町田市と神奈川県横浜市、11月には三重県川越町、福岡県春日市、大阪府高槻市などへも自費で見学に出かけている。月1～2回の学習も重ね、11月には名古屋市長あてに、『非営利の毎日型（配食）実現のための要望書』も提出している。会としての当面の課題としては、

1　市に対してどう働きかけをしていくか

2　公と民間の役割

3　任意団体か法人格か
4　場所・人の質の確保、資産・財政の工面
5　市民のニーズを把握する
などであった。

在宅高齢者が必要としている「生活支援型食事サービス」の実現ははるか遠い先のこと、目の前の困っている高齢者には間に合わない。こうした現実を踏まえて、食事サービスの必要性が身近な問題となっていたあじさいの家を拠点として、１９９３年10月には「食事サービス松栄事業」（食事事業研究会）がスタートした。

準備段階では、民生委員や老人会会長などに依頼して配食サービスについてアンケート調査を行っている。回収率は低かったが、「利用したい」「将来利用したい」が94％、「１食６００円で丁度良い」が75％、「週４日の配達」が58％、「予約制で良い」が83％とまずまずの合意が得られている。

調理スタッフの養成では、「食事サービス事業研究会」が主催した名古屋市の委託学級「高齢者の健康と食を考える」を新聞で広く呼びかけ、講座終了後受講生有志がスタッフとして登録した。試食会や１か月のモニター期間を経て「生活援助型配食サービス」事業を開始、調理スタッフ23名、配達スタッフ45名は地域ボランティアが担当して、利用会員は44名でスタート

した。

もちろん、すんなりとスタートできたわけではない。例えば調理場の改装ひとつをとっても50食作ることを目標に保健所の指導を受けて計画して、業者から見積りを取ったところ130万円であった。改装費の目途は立たないものの、とにかく8月には改装を始める。経費節約の為、ガス台・シンク・冷蔵庫などは中古品を使用、会員が汗まみれになって、さび落としや油落としをした。「お金はできたときでいいよ」との業者の言葉に助けられ、10月末には、NHKの「わかば基金助成」100万円と「あじさいの会」の手持ち資金の一部を借りて、1、339、000円を滞りなく支払うことができた。

運営のための財源は、行政からの補助は一切なく、民間団体からの補助金を充てている。NHKわかば基金（100万円）や、つるかめコーポレーション（50万円）、全労災（100万円）、はあとふる記念財団（9万円）、ボランティアあじさいの資金借り入れ（33万円）、その他個人からの寄付金を、事業立ち上げの厨房改修・設備費などに充てている。ボランティア団体は、こうした民間の補助金制度に応募することが活動資金を得るための一つの方法であった。どこの企業や団体が補助金制度を持っているのかといった情報を探すことから、応募申請のための書類作成といった事柄を、専業主婦のボランティアたちが一つ一つ対処していくのである。その大きな苦労は地域福祉への熱意で乗りこえられ、さらに達成感や自己実現という成果で報われていった。

## 2 「清水なかまの家」のスタート

「食事サービス松栄事業」での協働を経たのち、会は独自に1996年4月から「清水なかまの家」（名古屋市北区）を拠点に事業を開始する。「食事サービス事業研究会」、高齢者ミニデイサービス「ふれあいサロン」、11月からは「配食サービス」も開始して「食事サービス事業」を開始する。そこでは介護する家族をほっておけない会員が一緒に参加することから発展した、会員や地域住民の要請で「宅老所」もミニデイサービスとして事業展開が始まった。また、介護保険制度導入に向けても事業の新たな展開を迫られていった。

会では、任意団体の「清水なかまの家」は住民参加型のボランティア活動、社会福祉法人「なかまの家大杉」は介

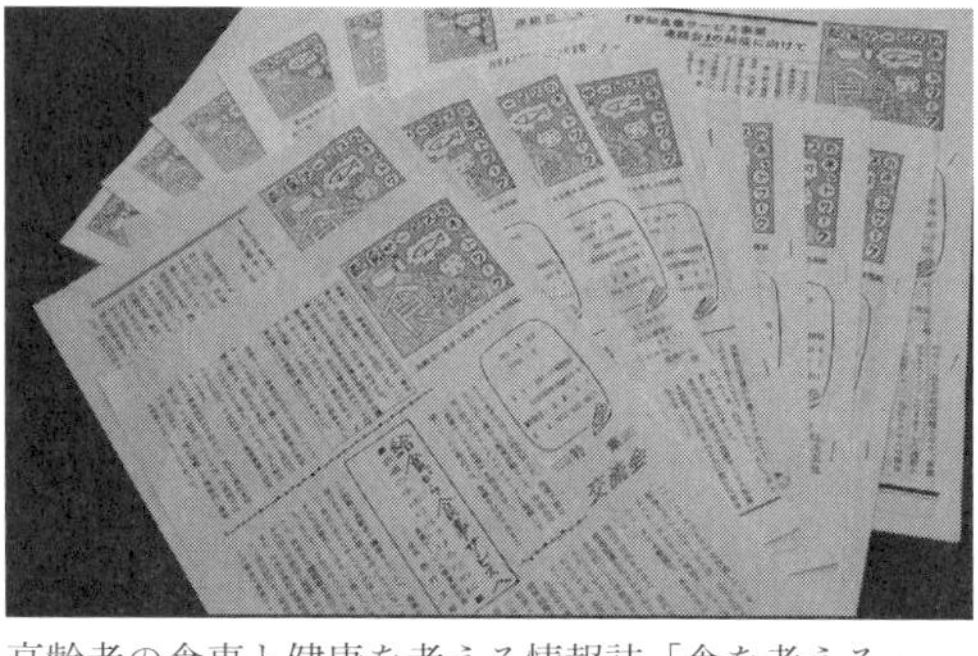

高齢者の食事と健康を考える情報誌「食を考える」
編集責任者は近藤京子さん

護保険事業と明確に分けて、各々の役割を分担させている。長年の活動経験から地域の暮らしを支えるにはこの両方が必要だと考えるからであった。

「介護保険制度」の枠外でボランティアの任意団体としての活動と、枠内の指定通所介護事業所とを並行させる会独自事業のさらなる展開について紹介する。

## 3 「認知症の母を一人にはできない」と始まった宅老所と配食サービス

小規模多機能ケアを提供する宅老所「清水なかまの家」誕生の発端は、配食サービスボランティア養成講座の女性受講者が、「認知症の母をひとりにして、家に置いてくるわけにはいかない」と、母親を連れてきたことであった。講座開催中は、任意団体の仲間が、配食サービスのために用意したマンションの1階で、1対1で介護をした。介護といっても講座終了後に食べる昼食の用意を一緒にしたり、世話人全員と食べたりすることであり、「お母さんに、大家族時代の昔を思い出させて、とてもいい表情に」なっていく。こうして家にいる雰囲気での宅老所の実践が、受講者のニーズから始まった。やがて、受講者の口コミで2〜3人を週1回、講座終了まで預かるが、終了後も家族介護で困っている地域住民から要望が出て継続し、多いときには1日の利用者が7〜8人に増えた（1996年）。

その後、「自宅の介護でいちばん困るのはお風呂に入れること、いい工夫はない？」との要望に応えて、ヘルパー1級の資格を持つ仲間が入浴介助指導をすることになる。そのために不用品の家庭用風呂桶が寄付された。大きな風呂桶を前に入浴介助の指導を受けるよりは「ここでお風呂に入れてもらえないか」と利用者の家族から要望が出され、新たな地域ニーズに応えるか否か、会にとって大きな課題が生まれた。この頃は、無償の労力だけではなく出資金（一口1、000円で1、200万円を集めた）も出して配食サービスの地域拠点を作った会員が多くを占めており、議論の末に本格的に宅老所も立ち上げることとなる。

しかし、宅老所は簡単に立ち上がったわけではない。入浴サービスを提供するなら保健所に届けたほうが良いと出かけたところ、不特定多数の人を入浴させるには、公衆浴場法にのっとった設備が必要だとわかる。風呂場のスペースや、湯量・水質などの厳しい基準があり、基準を満たさなければ認可は降りない。「大変な話だね、どうする？」という話になったときに、「それでもあんだけの人が入りたいと言っているんだから風呂場を作ればいいじゃない」と、議論の末に皆の意見が一致した。車椅子用トイレに確保してあった広いスペースを設計変更して基準を満たし、風呂場が出来上がっていく。当初、配食サービスの拠点として地域に開放する予定であった35坪のスペースは、3分の1は厨房に、残りが会食もできるコミュニケーションの場所として交流スペースにあてられるが、そこに風呂場も組み込んで、配食サービスの拠点と宅老所の準備が同時進行していく。

「清水なかまの家」では、週4日夕食を作って配る配食サービスと、週1回のふれあいサロン、月1回のお達者ひろば等、介護保険制度の枠外の多様な活動を継続している。

ふれあいサロンは、障害があっても利用者ではなくボランティアとして活動に参加したい人の居場所作りが発端となっている。脳梗塞の後遺症で半身麻痺の女性が、ボランティアをしたいと宅老所に参加した。入浴はせず、ニコニコと話をし、食事も食べる。しかし、有資格者のスタッフに日給を支払うために、利用者から1回3、000円の利用料を頂くことになり、彼女をどう扱うかが問題になってくる。利用者家族からも、半身麻痺でトイレも介助が必要なのに、利用者ではなくボランティアはおかしい。ボランティアと同じ昼食代の300円だけでは不公平だと不満も出始める。

会員が皆で考えたことは、「障害をもっていたらボランティアになれないか」ということであった。本人がボランティアを希望するのに、宅老所側の都合で利用者とすることはできない。この人の居場所を作ろうと別の日にふれあいサロンを始めることにする。

ふれあいサロンでは、サービスを提供する人、提供されて利用する人の区別はしない。全員参加で、お互いに声を掛け合って、必要なときに助け合える人間関係をつくるのが目的である。入り口でニコニコとおはようございますと声をかけることが彼女の役割となった。

私は、２００６年1月16日にふれあいサロンに参加した。室内に入ってまず若い人が多いこと、とても賑やかで雰囲気が明るく、皆さんイキイキとして笑い声が絶えないことに驚いた。数年前の訪問では、高齢者やスタッフと一緒に風船バレーをやった記憶が鮮明に残っており、イメージが一変した。脳血管障害を発症した若い女性は「ららら」としか発声できなかったのが、ここで身振り手振りを交えておしゃべりに参加することがリハビリテーションになり、今では聞き取った言葉はたいてい理解することができる上に、「安い」など発語も豊富になっている。他にも健常者の妻と一緒に夫婦で参加する人、その日は欠席だったが引きこもりの若い男性など、介護保険制度の枠外の人々も参加している。会計をはじめ、各々できる役割を分担して、自由なおしゃべりの中に、例えば「デイサービスを打ち切られた、どうしよう」と尋ねる参加者に、別の参加者が、「デイサービスのリハビリは申し訳程度、病院がやっているデイケアがいいよ。ご飯も風呂もあなたには必要ないんだから、デイケアのショートを受ければ３時間みっちりリハビリしてくれる。担当のケアマネージャーに相談してみたら」とアドバイスが返り、貴重な情報交換の場となっていた。

お達者ひろばは、配食サービスの利用者が、月1回地域の方々とのふれあいと情報交換を目的に集まる会食の会である。会に出かけるためにお洒落をするのも心の張り合いだ。必要に応じて自宅までの送迎もする。単なるお弁当の配達だけではなく、馴染みのボランティアが誘うことで引きこもりを解消していくきっかけにもなっている。

名古屋市は１９９７年に市民からの要求に応えて配食事業を試行実施後、２００３年に全市を対象に「配食制度」を発足させている。試行実施のときには、市から市社協が受託、さらに区社協と地元の福祉施設やボランティアグループが協力した。会もそのひとつとして自由契約とは別に30食分を担当した。

市の「配食制度」の特色は他都市に先駆けて設けられた「介護保険の特別給付」と「高齢者自立支援配食」の二本立てになっていることである。特別給付の対象者は要支援・要介護者で、食事の配送と安否確認に要する費用「配食サービス費」２００円の9割が介護保険から給付され、残りの1割20円と弁当代を利用者が負担する。「高齢者自立支援配食」は、従来からの虚弱老人対象の給食サービスを市単費で賄う仕組みである。利用者は、配食経費１１０円と弁当代を支払う。

「介護保険法」の改正によって、それまでは国の「食の自立支援事業」と位置づけられてきた食事サービスが、地域支援事業の介護予防事業および各市町村の任意事業へと再編された。介護予防のためにも「低栄養な状態」にならないことは大切である。体重測定を習慣づける、口腔機能を改善する等の他に、食欲の低下など心の問題も無視できず、孤独感の防止等に配食ボランティア活動の効果が認められている。配食活動を契機に、利用者は孤独感を解消し、見守ってもらう安心感を得る事ができる。

「清水なかまの家」で実施している食事サービス事業は、「ふれあい型会食」ではなく「生活支援型配食」である。その活動は1992年7月から場所を変えながらも継続している。具体的な支援の内容としては、例えば弁当の内容を減らしてほしいという連絡は、体調の悪化や持病の再発等で食欲が減退した証拠と見て要観察とする。また、事前の連絡がない当日キャンセルは緊急対応が必要な事態発生の確率が高い。いずれも安否確認の際に特に注意している。他方高齢な活動者は、利用者から「階段を上がる足音で今日のボランティアは誰だかわかる」と待たれていることなどから、自分の存在意義を再確認してやりがいを得ている。

しかし、配食制度の全市展開により、それまで非営利で食事サービスを提供してきた福祉団体は、民間企業と競合して事業型の運営をめざして指定事業者になるのか、地域活動という本来の趣旨にとどまるのか、存亡をかけた厳しい選択を迫られている。必要が認められ、食数が増え、頻度が高まるにつれて、担い手不足や調理場の限界、財源上等の問題が大きくなっている。

会は、全市的展開に合わせて公募された業者として登録しなかった。理由は、市の事業方針が、試行実施段階で大切にしてきた福祉理念より、食の提供だけを重視しているためである。配達ボランティアたちからは、「自分たちは、コミュニケーションや安否確認をすることで弁当を利用する人たちと信頼関係をつくってきた。その喜びが生きがいになっている」「今は、市場に食料が溢れている時代。それなのに公費を使ってまで、配食することには特別の目的があるはずだが、今回の仕組みでそれが守られるか疑問。自分たちは単なる弁当配達屋になる気はない」といった意見が出されたのである。また、高齢者に喜ばれる栄養のバランスが取れたお弁当を、予算内で手早く作るノウハウを蓄積した調理ボランティたちにも自負がある。

しかし、こうしたボランティアの善意がいつも正しい選択をさせるとは限らない。市の指定事業者になるための条件の一つが、週5日の配食サービスである。会では現行の4日を1日増やして5日にすることができないとの意見が大勢であった。野村会長は他の組織と組んで、残りの1日を担当してもらうことを提案したが、異分子が入ることを嫌って提案は否決された。自分たちのやりがいを優先させ、善意のボランティア活動だからこれでよいと小さくまとまることの欠点である。1年かけて議論したが、会員たちの考えは変わらなかった。会長もボランティア活動から得る喜びをなくしてはいけないと思い、また、他の組織を入れると、会が崩壊する危険を感じて踏み切れず、指定事業者になることを断念した。

組織として今後を見据え、NPO法人になることも提案しているが、このままでよいと否定されている。経営が安定して余剰金が出て、報酬が活動費として分配されることは歓迎するが、そのために事業を拡大して大きな社会的責任を負うことには消極的なのである。

認可事業者にならないことを選択してからは、それまで国と市から1食に付き325円ずつ合計650円出ていた補助金が段階的に削減され、2003年10月には無くなった。1年に2回決算をして余剰金が出ると、ボランティアの役割ごとに僅かだが分配していた活動費が支払えなくなった。全体の収支も赤字となり、財源ボランティアを活用してはいるが、やはり経営は危機的状況である。

後継者不足も深刻で、調理者はほとんどが60歳以上の女性、配達ボランティアも、女性は60歳以上、男性は70歳以上で男女半々位、まさに老老配食である。ボランティア活動の担い手はその多くが専業主婦であったが、不況のため、妻も家計補助で働きに出るために、無償のボランティア活動は担い手不足となっている。定年退職した団塊世代の男性が地域福祉に関わるのは、福祉職への再就職のためのステップと考えている場合がほとんどであり、長続きはしない。

指定事業者になれば、危惧されているように制度の規制を受ける。規定外の対象者やサービスへの対応ができにくくなる。例えば、ご飯とお汁を自分で作れる人は副菜だけ利用して残存能力を活用できるとか、安否確認をゆっくり丁寧になど、現在対応している多様なニーズに柔軟に応えることが難しくなる。先に述べたように、行政の事業方針とボランティアの理念とが一致しないことも大きな問題点である。

しかし、食事を提供することは手段であって、目的は「自分たちが安心して暮らすための食事サービスという条件を地域にどう作っていくのか。本当の狙いは、この市のあるいは国の社会全体の仕組みの中で、本当に安心した老後をめざすなら何と何が必要かということ」である。高齢になっても、障害を得ても、住み慣れた地域で暮らし続けるための仕組みづくりである。担い手不足や、運営から経営への発想の転換といった課題を、他の組織や民間配食事業者との協働で解消して、制度の内側に入ることはできないだろうか。制度に乗ることで、配食日や配食数を増やすこともできるし、利益で制度外のニーズにも対応するなど、より広いニーズに応えることが可能になる。志の高いなかまを雇用して生活給を保障しつつノウハウを伝え、実践から見えるニーズと制度の乖離を分析して、制度そのものを改善し、配食サービスの内容をより良くしていくことも重要な役割を果たす選択肢の一つである。

調理は業者にもできる、市場にはボランティアが作るより良いお弁当もいい環境でできている。そういう社会でなおボランティアが必要とされるのは何かと言えば、安否確認であろう。ボランティアが自分の楽しみとしてやるならともかく、調理だけなら業者と対抗して必死に頑張る必要はない。他所の組織なり業者なりの良いサービスを探して協働してもいいのではないか。配食サービスを始めた頃は、自分たちが365日食の保障をしなければと必死で頑張ってきたけれど、社会も制度も変わってきたのだから、ボランティアの役割も考え方も変わっていいのではないだろうか。

主婦たちが、老後を自分の将来を豊かにするために取り組んだ配食サービスのノウハウを駆使して、自分たちの力だけでは担いきれなくなった地域福祉を、より多くの人のために制度化し、改善していく、次のステップへと歩みを進める日が来るのを期待したい。

私が会の活動をまとめた修士論文を読まれた野村さんは、「こういう考え方もあるのね」と感想を述べられた。その時はそれが何を意味するのか、深く訊くことはできなかったが、配食サービスの名古屋市の指定事業者になるか否かについて会員の総意をまとめることができなかった、このくだりへの私の分析を指しておられるのではないかとずっと気になっている。

私は『なごやボランティア物語』（2020年5月発行　風媒社）では「食事サービスとボランティア」の担当者として市社協職員の陸川ようこさんとともに、「清水なかまの家」を取材訪問した。そして、近藤加津子さんと近藤京子さんと野村文枝さんとの出会いから、「清水なかまの家」の活動の内容を紹介している。2019年11月の取材の折に2人の近藤さんに、長年気になっていた質問をしてみた。それは、なぜ名古屋市の配食サービス事業受託に向けて説明も受け、課題も検討したのに最終的には、受託しなかったのか、についてである。

例えば事務量が増えて専任スタッフが1人必要になるとか、それまで4食配っていたのが月曜から金曜まで5食配る必要があるとか、民間企業との競合など課題はいろいろあったが、受託を断ったいちばんの理由は男性の配達ボランティアの言葉であったそうだ。

「わしらなんでこれをやっているか言うと、いつか自分がお弁当を配達してもらう側になるつもりで届けている。こんな風に届けてもらいたいなあと思ってやっている。受託すると、一人がたくさんのお弁当を運ばないと運営が成り立たない。それなら、今みたいにゆっくり利用者さんと話したりできない」。野村さんは受託するつもりでいたが、黙って話を聴いた後、配達ボランティアの「こんなサービスが欲しい」という思いがここを支えていることを理解して受託をあきらめたとのこと。私自身が野村さんに取材して前述した経過と同じ内容だった。

多くのボランティア活動がそうであるように、清水なかまの家も一時はボランティアの高齢化で後継者不足が心配された。しかし、細々とだが継続している。それは時代の変化と高齢者のがんばりによるものだ。高齢者は75歳になるとパートタイムで働く場所がなくなり、再びなかまの家の活動に戻ってくる。厨房にはそんな高齢者が集まってきて、新しい働き甲斐や生き甲斐の受け皿になっているのだ。配達ボランティアも、92歳の後期高齢者もがんばっている。今は近藤加津子さんが代表だが、次の代表にはやっぱり地域の人がいい、ご近所さんで地域のことといろいろと知っているあの人がいいわね…と話し合ってもいた。

「人を支えるところにいられるのはものすごぉ素敵です。例えば配達に行って『また明日ね』と言われると、待っておられるから明日も元気で配達に来なければと思う。人のためだと思って始めたけれど、結局自分のためになっている。活動でつながる仲間がいるって素敵」。22年間ボランティア活動を続けてこられた原動力は近藤京子さんが語るこの楽しさだったようだ。

配食ボランティアの皆さん。保温のためにお弁当はきれいな布に包まれて、汁物とともに配られます

近藤加津子さんの厳しい指導の下、厨房はいつもピカピカ。おかげで食中毒などは一度も出したことがありません

左、上　ふれあいサロンでの食事風景

金城学院高校のボランティア学生と話す近藤加津子さん

なんとなく入ってみたくなる清水なかまの家の入口

## 4 「清水なかまの家」の最後

２０２２年２月17日、ある方からこんなメールが届いた。「26年間続いた清水なかまの家の食事サービスが今年の３月末日で終了します。理由はボランティアが高齢化し、週４日の配食サービスがここ数年週３日になり、昨年12月には週２日になりました。また、代表の近藤加津子さんが１月11日に亡くなられました。ご冥福をお祈りいたします。時の流れとはいえ残念です」

野村文枝さんに続いて近藤加津子さんまで……。驚きのため、しばらくメールへの返信も、「清水なかまの家」への連絡もできず呆然としていた。気を取り直して近藤京子さん（以下京子さんと呼称）に連絡を取り、コロナウイルスの蔓延防止等重点措置期間のためにお休みしていた「ふれあいサロン」が３月22日火曜日10時からあると聞き、伺った。

入口で、エプロン姿のスタッフに「どちら様ですか？」と問われ、２０１９年12月以来だから丸２年以上もご無沙汰していたのだと改めて気づいた。「岡久美子です」と名乗っているところへ京子さんが来て、「加津子さんの古いお友だち」と紹介してくれた。

久しぶりに会った参加者は16名、皆さんどうしていましたかとまずはお茶を飲みながら近況報告だ。介護保険の認定が降りないので、デイサービスに行くことができない。区の社会福祉協議会が主催するサロン活動は申込者がいっぱいで抽選に外れてしまった。なかまの家が無くなったら行くところがなくて困る。骨折して入院したりして、大変でした。などと、お一人お一人とめどなく話があふれ出てくる。京子さんはそれぞれの話題をうまく受け止め、発展させながら、次の人につないでいく。一通り近況報告が終わったら京子さんのハーモニカ伴奏に合わせて、歌集を見ながらふるさとなどを唄った。

12時になると皆さんでお箸やスプーンを並べ、配ぜんの準備が始まった。やがて、厨房の調理スタッフが本日のカレーライスランチを運んでくれる。「ごはん小盛の人」などと、それぞれの希望にも応えてくれる。

カレーライスにサラダと金時豆の煮物、そしてデザートは苺のヨーグルト添え、どれも美味しくいただいた。会員は５００円、ゲストの私は６００円を支払った。

食後には、「ふれあいサロン」の今後についての話し合いだ。北区在住の会員が、区のコミュニティセンターに打診して、火

ふれあいサロンの昼食。
おいしくいただきました！

近藤京子さんのハーモニカ演奏に合わせて歌います

曜日に部屋を確保することは出来そう。でも、核となってふれあいサロンを開催する人は？となると、皆さん「そりゃ京子さんだわ」と言う。しかし、京子さんは「野村文枝さんや近藤加津子さんが清水なかまの家を始められたから一緒に26年間やってきたけれど、これからは北区に住んでいる人が中心になってやってほしい。瑞穂区からここまで来るのはしんどいし、瑞穂区でもサロン活動は続けているから。行くところがあって、集まって、しゃべることはとても大事。だから北区の人で続けてください」と話すが、皆さん「京子さんがいなけりゃ。なんでもお手伝いをするから」「それか、みんなでやればいいんじゃない」「いや、みんなでということは責任の所在が明確でないから誰もやらないことと一緒だよ」など、どなたからも「わたしがやります」と手は上がらず、結論は出ないまま、次週最後のサロンのメニューなどを決めて、とりあえずこの日のふれあいサロンは終了した。

3月25日金曜日13時30分から、「清水なかまの家」最後の運営委員会があるとのことで、この日も参加した。参加者は12名だ。

議題の1、配食事業からは、「3月は、週2日水・木曜日24日までで7日で配食は149食、ボランティア弁当などと

指示を出す故近藤加津子さん

合わせると合計２７３食でした」などと報告される。

調理ボランティアや洗浄ボランティアは、「加津子さんが褒めてくれたからこれまで頑張れた」「淋しい」「衛生管理はとても厳しかった。だから26年間一度も食中毒や感染症を出さなかったの」などと、故人との思い出を語った。

事務局と会計からも、総会を開催して報告することや、大は冷蔵庫から小は食器までの什器備品の整理後始末の仕方や、４月以降日時を決めて片付け仕事をする段取りや、地域あっての仲間の家なので、玄関に「地域の皆様へ」とここを閉める挨拶文を掲示してはなど、意見が出され、それぞれ討論と決定がされていく。

先日の「ふれあいサロン」参加者の今後についての話し合いとは異なり、「配食事業」を運営してきた方たちなので、自分たちの役割に対する責任感は強く、結構大変な作業分担を振られても各々担当することを了承していく。

地域でのボランティア活動には、自発性や無償性とともに先駆性が求められる。まだないサービスを開発して実際に取り組み、制度化を促していく過程では、大きな責任が伴い取り組みへの覚悟が求められる。この26年間、「清水なかまの家」の配食事業を支えてきた方々の活動に取り組む姿勢の厳しさに、改めて感動を覚えた。

そう言えば、野村さんは新聞広告「ひとさし指１本でできるボランティア」（公共広告機構）の「要はボランティアは小さな親切」への反論「この考え方は、ボランティアを個人的、道義的な行為に矮小化してしまっている」に対して、反論の反論を試みている。「『これは自分たちの老後の重大な問題だから、私たちが立ち上がらねば』と先駆的に取り組み、制度改革に向け起爆剤の役を果たしたのが当会です。ボランティアが『隠れた善行』の時代はとっくに終わっていることを知らないのかといいたいですね。ボランティア人材の発掘はこうした『小さな親切行為』がきっかけになることもあり、これをボランティアの『苗床』としてどう生かし、育てるかが大切だと思うのです。この段階で『ボランティア』を理詰めに考え、活動の幅を窮屈にすることが果たして得策でしょうか。」（ふれあい通信1998年11月30日発行No.98「びじょん」より）

最後に「お達者弁当」の利用者さんに配布された挨拶文を掲載する。野村文枝さん、近藤加津子さんとともに活動の要となってきた、今年78歳の京子さんが綴った。そこには地域でボランティアでさまざまな活動や配食サービスなどの事業を始めた動機や理念、そしてこれまでの経緯がわかりやすく書かれていた。

様

お達者弁当ご利用のみなさま。配食サービス事業終了のお知らせです。

いつもお弁当のご利用を頂きまして、本当にありがとうございました。

誰もが住み慣れた街で、見慣れた顔の中で健康に暮らしたいという、ごく当たり前の願いを「食」で支えようと、清水なかまの家は平成8年4月清水学区に誕生しました。今年で足掛け26年目を迎えようとしています。

その間、大勢のご利用者さまの注文を頂いて、今日まで続けることができ、心より感謝申し上げます。

毎回、お弁当を作る調理ボランティア、みなさまにお届けする配達ボランティア、返ってきた弁当箱を洗う洗浄ボランティア、配達先との連絡調整や、集金業務の事務・会計ボランティアなど、多い時は100名を超す老若男女のボランティアが集って事業を担ってきていましたが、ここ数年は週４日間の配食が３日に、そして昨年12月からはいよいよ週２日にまで減ってしまった理由は、ボランティア一人ひとりが高齢になったためです。周りを見渡せば20数年前の食の状況は大きく変わり、私どもの願った初期の目的は達成したと考えます。残念なことがもう一つ。私たち活動するボランティアの中心にいて支えてくれたなかまの家の代表であった近藤加津子さんが1月11日に亡くなられたこともお知らせせねばなりません。いま一つ力を合わせて3月末日までは配食事業を続けます。永年に渡り、なかまの家の弁当を愛して下さいました皆様に心より御礼申し上げて終了のお知らせといたします。

令和４年２月　　清水なかまの家ボランティア一同

# 第2章　「なかまの家大杉」デイサービスの設立

## 1　「社会福祉法人にしては？」市の後押しとボランティアの決意

会員ボランティアたちのあたたかい世話が認知症の高齢者を安心させるのか、「これからボランティアに行かねばと、エプロンを手提げに入れて楽しそうに来てくれる」利用者がいる。認知症の夫とともに通う妻から「亭主関白の夫が結婚以来初めて庭掃除をしてくれた」と嬉しそうに報告されるなど、ミニ宅老所は順調に運営されていった。

しかし、本来の目的であった配食サービスが11月から始まると、午後3時から4時までの1時間は、デイサービス利用者の帰宅とお弁当の配達準備が重なり、フロアはとても混雑するようになり、事故が起きないかと危惧されるようになる。さらに、申込者が増えて利用者も10名を超え、利用者の重度化も重なって深刻な人手不足となっていった。

そんな中1998年に、介護保険制度導入に備えて中学校区に1ヶ所デイサービスセンターの設置を計画している名古屋市から、「新しく建設するデイサービスの事業委託対象を、今までは実績のある社会福祉法人に限定していたが、今年からは3年以上の実績を持つ民間団体も対象に含めることになった。ついては今回デイサービス事業委託についての説明会を開く」ので参加して欲しいとの電話が入る。

説明会へ参加した結果を受けて話し合いが始まった。市の指定事業者になれば、利用者は1回3、000円だった利用料が740円になり負担が軽減される。会も委託料や介護保険制度導入後には介護報酬で経済的に安定するため、有償スタッフを増やして事業を拡大することができる。スペースに関わる課題も未解決のままで、常々フロアの混雑状況に頭を悩ましていた。こうした課題が解決できるという理由で、受託する方針は採択されたが、新たな課題が発生する。任意団体のままでは指定事業者にはなれないため、受託には法人格が必要だという課題である。

社会福祉法人格を取得するためには、返却されない出資金2000万円の準備、複雑な事務手続き、事業の継続性に対する責任等、乗り越えなければならないハードルは、ボランティアの任意団体やNPO法人格よりも高い。野村さんは「NPOのままで良いと思っていたし、会員にも説明がしやすいと思っていた」が、市から「NPO法人も、社会福祉法人に認可されるのも、事務手続きは同じくらい大変です。どうせなら、社会福祉法人に認可されたほうが、社会的評価も高いし、信念も貫くことができるし、税金面でも優遇をされるからよいと思う。市としても実績を評価しているので後押しをしますよ」とアドバイスをされて踏み切る決意をした。

会員も、仕事としてやりたいと考える人は社会福祉法人認可の方向を選択した。社会福祉法人格の認可を受けることに関して議論しているときは、労力の提供だけではなく、出資金や設備投資の費用を負担してでもやろうとの意欲を持つ会員が多数存在していたからである。数百万円単位の出資をする数人だけではなく、小口の出資者数も１００人以上にも及んでいる。しかし、全員が社会福祉法人格取得に賛成していたわけではない。逡巡する会員も多数いた。厳しく言えば辞める人も出てくる。無償ボランティアの人材確保は極めて困難なため、ジレンマを感じながらも会としては活動の多様化を受け入れざるを得なかった。

研究、研修、講演等を目的とする任意団体やＮＰＯ法人とは異なり、設備投資をして、人材を抱え、具体的なサービスを提供する現場を持ってのボランティア活動は難しい。

特に人材確保に関しては、報酬の財源がないことは大きな課題であるが、同時に養成も大きな課題である。ボランティア一人ひとりのビジョンを会の目的に沿うように修正をしてもらい、一緒に活動をするように養成することは手間も時間もかかる。ボランティア会員の中には会の目的をよく理解できないまま活動に参加してくる人もいる。リーダーの言うままに走るといった活動形態ではなく、一人ひとりの自発性と理念の共有は重要である。ニーズの多様化や制度の変化等、課題を構造的にとらえ、展望を拓くためには、常に学習も必要である。

介護サービスを提供する現場で日常の業務を忙しく実践しながら、人材の養成をする余裕はない。立ち上げのときからのメンバーは、準備期間もあり、ある程度了解して一緒に行動できるが、後から参加したり、出入りしたりする人材に関しては手が回らないというのが実情である。

ボランティア活動は、一見取り組みやすいように見えるが、実は活動を進めるうちに継続性を問われる段階に入り、より高い専門性の獲得や制度の基準を満たすことが求められると、会員の意識の差が活動の阻害要因となる。企業の場合は原則として業務命令に対して、雇用された人材は自身の意思に反しても従う。しかし、ボランティア活動をする人は、報酬面よりも、社会貢献をしたい、自己実現をしたいとの思いが強い。善意でやりたいと思っている人に、善意だけでは駄目だと言えば、「善意が消化されない」ために辞める人が出てくる。現場を抱える実践活動の難しさは、頭で考えることや奇麗事だけではすまない。こうしたボランティアの人材養成を、業務に追われて余裕のない現場が担当するのではなく、フォローする仕組みづくりが課題でもある。一人ひとりの思いに応えつつ、理念や目的を共有して活動を推進するための人材養成は常に問われる大きな課題である。

1999年8月、理事10名、監事2名、理事長は互選で野村文枝さんが就任して、社会福祉法人が発足する。尚説明会に参加した他の宅老所は、社会福祉法人格認可のために約2、000万円の出資金が必要等の理由で、受託の応募はしなかった。これらの宅老所は後に、N

ＰＯ法人格の認可を受けて、あるいは有限会社として組織化して、各々独自の施設において介護保険制度の指定事業者となっている。

## ２　月１２０万円の赤字、それでも「ボランティア感覚でまあいいや」

社会福祉法人格の認可を受けた「会」は、２０００年4月1日デイサービスセンター「なかまの家大杉」を設立、介護保険指定事業者になった。ボランティア活動から一足飛びに社会福祉法人化することは、他都市にも先例がない。「行政側は試行させた上での結果待ち」であったかもしれないが、会員たちは、自分たちの活動を評価して任された、前例がないなら逆に創意工夫ができると、社会福祉法人格認可をチャンスと捉えている。福祉の町をつくるには地域の人々の意識を耕す人づくりが基本、冒険していく中で新しい発見があり、人も育てて視点を広げることができると考えているからである。

介護保険制度導入当初は経営も安定して、利用料も3、０００円から7４０円になり、皆が喜びながらボランタリズムの理念を追求することができた。しかし、介護保険制度の2度にわたる改正により介護報酬が切り下げられ、食事や送迎等の加算も無くなり、介護予防も始まり、収入が激減して、一ヶ月の赤字が１２０万円という事態を迎える。複合体ではない、デイサービス単体の小規模施設では、この赤字額は致命的である。そこで思い切って施設長等を交替、ボランタリズムから脱却して、制度を見据えて経営する発想の転換ができる人材を就任させた。

新施設長の小林由美子さんは、「清水なかまの家」にボランティアに来ていた地域住民である。市のなごやかスタッフとしても、介護について学ぶために応募、養成講座を経てケースを担当して、細く長く活動を継続していた。介護福祉士、ケアマネージャーの資格も取得していて、ケアマネージャーとなったときに「なかまの家大杉」の職員となっている。また、その間、大学に編入して社会福祉も学んでいる。

小林さんが行った改革は、経営のスリム化であった。同時期に野村さんと交替した新理事長（医師　男性）の意向でもあり、人材確保のためにも人件費には手をつけないで、できる限り経費節減を実行した。

まず非採算部門である訪問介護事業を閉鎖した。居宅介護支援事業は、隣に借りていた事業所を1階に移して、家賃をはじめ施設に掛かる経費を削減した。通所事業に関しては、メンテナンス会社との契約を見直し、職員ができることは担当するなど、「今までボランティア感覚でまあいいや」と先延ばしにしていた改革を、時間をかけて実行した。

改革は成功して、閉鎖する小規模な事業所が多い中でも健闘しており、1日の平均利用実績約27人で、正職員の介護職4人には年収約300〜350万円を、ケアマネージャー2人には年収約400万円を支給している。しかし、経営状態は決して良くはなく、理事長の年収は0円であり、施設長も年収は低い。今後介護報酬が上がることは見込めないので、「この仕事の将来が見えない。理想だけでは生きていけない、特に若い人の参入が望めない」と、悩みは深い。

それでも小林さんは、「ここは地域を思ってできた社会福祉法人だから、私は次の誰かにつないでいくのが役目。地域のためにある存在で、個人の誰かのものではないと意識を持って仕事をして」いる。

目標は、精鋭の介護集団で、「なかまの家大杉に行けば何とかなる」と地域から頼られる事業所である。今でも利用者の中には、困難事例として他の事業所では受け入れてもらえない人も多くいる。「プロとして、お母さんやボランティアにはできないことをする。そんなプライドを持って仕事をしたい」と実践を積み重ねている。

## 3　社会福祉法人だから生き残れた「なかまの家大杉」の現在

「清水なかまの家」の閉鎖を受けて、社会福祉法人として活動をしている「なかまの家大杉」はどうなっているのだろうか、と私の中に疑問が沸々と湧いてきた。

連絡を取って訪れた私に向かい合ってくれたのは、服部紀代子さん。配食サービスを立ち上げるときに何度かお会いした懐かしい方だった。

彼女は現在のCOOPあいちで1990年「たすけあいの会」を立ち上げている。家事援助や介護サービスを1時間700円のチケットを購入して利用する。チケット代金の10％は本部の経費、90％はヘルパーにというシステムで、そのコーディネーターとして関わっていた。車の運転ができたので、名古屋市全域に広がったサービスのために走り回っていたという。

以下は服部さんの話だ。

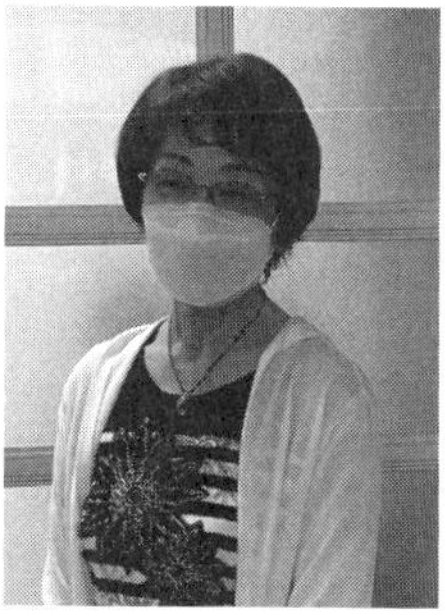

服部紀代子さん

その活動の中で皆さん食事をしっかりとっていればお家で長く元気に暮らせることが、わかりました。高齢者にとって食事が大切だということです。配達をしたいなと思い、さらにお家に引きこもらないで外に出て皆さんと触れ合うことも大事だからデイサービスも必要と、「食事サービス事業研究会」を野村さんたちと一緒に立ち上げました。

「最初のシンポジウムから参加して、そこからしっぽみたいにくっついて日本中視察について回りました」

「清水なかまの家」では、糖尿病のために足を切断されたような方を入浴介助もしたんですが、「そこ触ったら痛い」っていうのを本人さんから上手に介助するやり方を楽しんで教えてもらいながら、すごくいい経験をさせてもらいました。

仲間の家にミニデイサービスの実績があったから名古屋市から介護保険制度導入にあたってどうですかとお話がありました。当時の私はあまり乗り気ではなかったけれど、なぜか立ち上げの5人に入っていて、戻らないけれど基金のために2000万円が必要です、出してください、わかりましたって。まだ足らないと言われて追加も出しました。

なんだか施設長も私にお鉢が回ってきたんです。書類いっぱい書きましたよ。

土地は名古屋市が貸すので建物を作りなさいと言われて、施設と什器も含めて1億5千万円です。国から2分の1、名古屋市から4分の1、残りの4分の1を自分たちで払うんです。

お金がないから社会福祉・医療事業団から借りて、結構高い利子も含めて15年で返済しました。当時は介護保険制度もいろいろな給付があり、黒字の運営でした。減価償却分を毎年積み立てるように指導もあったので積み立てもできました。

でも、皆さんがボランティア精神で昇給も賞与もなく頑張ったから黒字になり、返済も積み立てもできたんですけれどね。

そんな中、スタッフから「1円でもいいから昇給して」と言われて、びっくりしました。

自分自身は給与ももらわなくてもいいくらいの気持ちでしたが、働く人はそうなんだと。数年たってからやっと給与規定も作りました。専門職の人をボランティアで使っていて、申し訳なかったなあと思っています。

でも、いろいろな事情があって私が施設長を辞めることになり、小林由美子さんが引き受けてくださいました（素人感覚で赤字経営を改善できなかったことだけが理由ではない、複雑な事情があったようだ）。

なかまの家大杉の外観

施設の雰囲気作りも大切

小林さんが定年退職されるときにがんに罹っている
ことはわかっていたんだけれど、お孫さんを抱きたい
からと手術は拒否されて、その後お亡くなりになりま
した。残念です。

私には、最初から関わっていていろいろわかってい
るからそろそろ戻ってくださいと、当時の理事長から
言われて、２００６年からずっと理事長です。人がい
ないと時々施設長も兼任しています。

介護保険制度は改正と言いつつ改悪をしているの
で、経営は苦しいです、特にデイサービス単体のここ
は。今は真っ赤な赤字です。地域で支えていただいて
いるから何とか運営ができています。担当者会議に出席すると「仲間の家さんはご飯がお
いしいと利用者さんが言われます」といろいろなケアマネージャーさんから言われます。
赤字覚悟でここの厨房で作り、温かい物は温かく、冷たいものは冷たいままで提供してい
ます。食事サービス事業からの財産があるから、そりゃ美味しいでしょうと思います。メ
ニュー担当を私がやっています。経費節減で一度業者に頼んだことがあるんですが、途端

配食サービスで培ったノウハウで施設内の厨房で作る昼食。おいしいと評判だ

に「こんなんじゃない」って、利用者さんにそっぽを向かれました。１食あたり６５０円いただいても材料費で消えて、人件費が出ないんです。そこらへんが課題ですね。最初はボランティア精神でお願いしていましたが、今はレクリエーションのときに来ていただく方だけで、ボランティアはおりません。常勤の介護福祉士が３人、パートタイマーが２人、スタッフが有給休暇を取得するときにスポットで頼むスーパーナースがいます。施設長は送迎に特化、ケアマネージャーで２人。理事長の私が無給で働いています。

定員25名ですが、平均16名の利用者さんです。今日は19名です。認知症の人が多いです。

株式会社で始められたところは儲からないからとどんどんやめています。

どうしてこんなに大変ことをされているんですかと尋ねてみた。

自分でもわからないけれど。自分が活かされているところがここだから。ありがたいし、つぶしたくないし、みんなのためにも頑張っていかなきゃあって。

81歳だから混んでいる電車には乗れないから6時半には家を出て、7時前に来て、利用者さんのお茶を沸かし、消毒をし、利用者さんは脳トレがお好きだからコピーをしたりしています。皆さんが行くところがあるから元気なのよって。元気でもないけれどまだ歩けるし、ぼけてもいないから。

任意の自主団体「清水なかまの家」は閉鎖したけれど、「なかまの家大杉」の事業が継続できているのは社会福祉法人だから、介護保険制度下の事業所だからでしょう。法人があるので組織として成立している。もし私が来られなくなっても、業務執行理事として施設長がなっていて、理事長として回していく準備もしてあります。いろいろ縛りはあるし、2年に1回の名古屋市の監査もあるけれど。

野村さんは、素晴らしい活動家だと思います。次から次へと先駆的なことに取り組まれる私にはない力があり、尊敬できる方です。学び、見学し実践し、フィードバックする。周囲の人を上手に使うからできたんだとも思います。


事業の継続性という点からみれば、任意のボランティア団体としての「清水なかまの家」は、立ち上げから関わっていた家主の死亡と会員及び利用者の高齢化などから事業を終了した。任意団体のままか社会福祉法人となるかは、会を二分する重い決断であった。だが、「なかまの家大杉」が事業を承継している現実を目のあたりにすると、その意義は大きいと私は考える。

# 第3章　「地域福祉を考える会」のその後

## 1　「地域福祉研究会」として再出発、そして……

「地域福祉を考える会」（代表故野村文枝さん）は、49年間の活動を続ける過程で組織や事業内容を変更する大きな転換点を何度も乗り越えてきた。それは日本の「介護の社会化」の変遷に影響を与える一方で影響を受ける歴史でもあった。

発端は1966年4月に名古屋市教育委員会主催の老人福祉セミナー後に受講生で立ち上げた「若葉会」だ。読書会の開催や老人ホーム等の調査や名古屋市職員のホームヘルパーとの意見交換会など、自身の老後を考える学習や調査が主な活動であった。

1度目の転換は、1975年4月に「お年寄りの生活に触れて学び、自分たちの老後を考えること」を目的に、地域ボランティアグループ第1号「さつき会」として、地域で在宅老人への無償のホームヘルプサービス提供活動を始めたときだ。

2度目は、1984年7月に名古屋で開催された「第1回日本女性会議'84なごや」の福祉分科会で「さつき会」が直面していた主婦体験の活用や余暇利用の自発性に頼ることの限界を報告したことがきっかけである。名古屋市の介護事情に問題意識を持った有志が設立準備会を経て1988年6月「地域福祉を考える会」を結成、同時に住民参加型、非営利・有料・有償の「ふれあいサービス」を始める。その目的は、「あたたかな助け合いの心と、活動の輪を広げ、地域福祉をすすめること。また事業を通して公的福祉制度の充実を促進させるとともに、地域社会の連帯と会員相互の親睦をはかること」であった。3時間2、000円の負担で、気兼ねなくサービスが受けられ、研修を受けた主婦協力員による質に心を添えるホームヘルプサービスは好評だった。

3度目は、1990年8月の「なごやかヘルプ事業」と「ふれあいサービス」の統合である。会の活動実績が名古屋市を動かし、その運営システムを軸として名古屋市社会福祉協議会（以下市社協と表記）から、住民参加型在宅福祉サービス事業を創設したいから、統合できないかという提案をされた。会は、事業に関心を持つ他の団体とも協議を重ね、研究し、議論を重ねて統合を決意した。「なごやかヘルプ事業」の誕生だ。市が「ホームヘルパー等派遣事業」を新制度として発足させ、受託する形で会の活動が市全域の在宅老人のホームヘルプ活動として引き継がれていく。会員の半数67人が各区社会福祉協議会に「なごやかスタッフ」として登録、活動を継続する。さらに「なごやかスタッフ養成講座」の助言者としても協力、実践活動から得た助言は技術面だけでなく地域福祉の醸成にも役立っていった。

4度目は、2000年7月「地域福祉研究会」としての再出発と2015年2月の閉会だ。「なごやかヘルプ事業」への統合以来、会の事業は学習と交流が中心となっていたが、2000年の介護保険制度導入に伴い、会員のなごやかスタッフの希望者全員が市社協の介護保険事業ホームヘルパーとして雇用されたのを機に、1999年秋から組織と運営の見直しが検討される。

2000年1月からの「ふれあい通信」を見ていこう。No.112の巻頭言「びじょん」で野村さんは「地域福祉を考える」から「主体的参画を考える」年にと題して、「ミレニアム」(千年紀)について考えを述べた後に「私たちは地域福祉を考える会会員として互いに共有できる心情『老後も安心して暮らしたい、そのために私にできるなにかを』で結ばれた。そしてみんなで互助組織をつくり、ヘルプサービスを立ち上げ、会員の一部はなごやかスタッフとして在宅福祉を担う立場にある。しかし今、社会福祉構造そのものが大転換する中で、当会もこれからの進むべき方向を見定める岐路に立つ。今年こそ会員一人ひとりが『参画と責任』を調和させながら、会の今後に向け、何ができるかを考える年にしなければならない」と述べている。

さらに会員の皆様へとして別に頁を割いて、「参画と責任の調和」について補足説明をしている。会は並列型組織として運営責任を誰もが分担するところを、毎年新年度役員の引き受け手、さらには会長職の引き受け手がなく、同じ人が繰り返すその弊害と体力・精神力の「老」

を実感することを吐露している。本年度限りで会長職の辞退をお願いし、「会の今後」について話し合う2月の例会では、会員全員が「参画と責任」を調和させながら話し合い、今後の方向性を提示してほしいと結んでいる。

No.114では、副会長鈴木八重子さんが「会の今後をどうするのか―一人ひとりの責任で声を上げていこう―」と、新しい会を考えていく準備会の中で、これまで惰性で流れてきた会を、心ある有志で立て直そうと原案作りのしんどい作業を進めていること、4月の総会には出席して、会に求めるもの、どんな力が発揮できるか、声を上げてほしいと呼びかけている。

次の2000年4月最終号では、平成12年度総会が26名の出席のもとに開かれ、11年度の事業報告と会計報告が承認されたこと。さらに、「地域福祉を考える会」を解散させて、新しく会を立ち上げる準備を始めたことや、「会」の残金は新しい会が引き継ぐこと、そして「新しい会への参加のご案内」に基づき、5月20日までに入会届を提出することなどが告知されている。

巻頭には「時流を活かす」と題して、野村代表が「会のいま、そして今まで」を振り返っている。日本の高齢者介護がボランティア任せであることや、行政による「地域ボランティア養成」が「ボランティア活動を安上がりの労力提供にすり替え、女性労働の足を引っ張りかねない問題である」として市社協と対立してきたこと。ボランティアグループから住民主体の参加型非営利組織として「ふれあいサービス」を発足させたことを回想している。4月から導入された「介護保険」により介護分野から「公」の影がかすみ民間企業の進出がすさまじいこととともに、「受け皿づくり」というニーズがNPO制度の実施を促進、市民活動が認知された効果とともに、玉石混合の状況の中で、会として長年の活動中に蓄えた有形無形の財産を活かすとき、新しい知恵と行動の集約を期待したいと結んでいる。

そして、13人の会員が「最終号によせて」を寄稿している。

その後「地域福祉を考える会」は解散、名称も「地域福祉研究会」として、代表も任期1年として野村さんから、長年通信発行の役割を担ってきた鈴木八重子さんへと受け継がれていった。「地域福祉研究会」の目的は自分たちの学習とし、会員の地域活動の課題を持ち寄り、研究会が学習・研修とともに情報発信もしてきたが、その活動も2015年2月18日に総会(閉会式)とお別れ会を、名古屋市総合社会福祉会館で開いて、その歴史を閉じている。

## 2 「地域福祉研究会」残された人たちの思い

『名古屋ボランティア物語』の「地域福祉を考える会」担当になった私は、2019年10月23日鈴木八重子さんを訪ねた。

久しぶりにお会いして、私は愕然とした。なんと「地域福祉を考える会」は解散して、2000年7月に、「地域福祉研究会」として再出発し、さらに2015年2月に閉会していたのである。

「なごやかヘルプ事業」への統合以来、会の事業は学習と交流が中心となっていたが、2000年の介護保険制度導入に伴い、会員のなごやかスタッフ全員が市社協の介護保険事業ホームヘルパーとして雇用されたのを機に、組織と運営の見直しが検討された。

その結果名称を変更、代表も任期1年として野村さんから、長年通信発行の役割を担ってきた鈴木八重子さんへと受け継がれていたのである。「地域福祉研究会」の目的は自分たちの学習とし、会員の地域活動の課題を持ち寄り、研究会が学習・研修とともに情報発信もしてきたが、2015年2月18日に総会（閉会式）とお別れ会を開いて会の歴史を閉じている。

「会」が終了していたことにもショックを受けたが、何より、私がそのことを知らず、それほど会から遠いところにいたことに愕然としたのだ。会との共著『どうしますあなたと私の老後』を1997年に刊行して以来、野村文枝さん、近藤加津子さんたちを取材して同朋大学大学院で2007年度修士論文「高齢者の地域生活を支える福祉システム～担い手に焦点をあてた小規模・多機能ケアの考察～」を書きあげ、その後名古屋市立大学大学院で博士論文（指導教官の死亡などにより博士論文は提出することなく終わり、満期退学となっている）を書くためにさらに取材と研究を継続していたにもかかわらずである。

さらに、取材を進めていくうちに、「置いて行かれた人たち」の気持ちが伝わってきた。以前ある人が、野村さんが新しい事業を始めるときの様子を「古いコートをさっと脱ぎ捨てて、新しいコートを羽織るようだった。そこには冷たさや、非情ささえ感じた」と表現するのを聞いたことがあった。聞いたその時は、私はむしろ野村さんが例えば、「食事サービス事業研究会」と名称に「事業」を付けたのは、単なる研究で終わらせるのではなく、配食サービスを実現するのだという決意を「事業」の2文字を名称に入れることで表したのだとインタビューで話すのを聞いたことを思い出して、少し抵抗を覚えていた。

福祉現場で活動する中で、利用者の中にさらにこんな新しいサービスが必要だと気づいたら、野村さんはそのサービスを実現する方法を模索し始める。そして会にも実現に向けてどうするかを図っていくのだが、会員のすべてが賛成するとは限らず、時には実現することを断念したり、あるいは仲間と袂を分かったりして、新しく一歩を踏みだしてきた経緯を聴いていた。その都度確認はしなかったが、野村さんが何も感じなかったはずはないと思っていた。

鈴木さんとのインタビューで、私は、初めて脱ぎ捨てられたコート、置いていかれた会員の淋しさに気づいたのである。

1996年11月8日付で、「『地域福祉を考える会』の組織・運営の見直しについて検討結果報告書」が公表されている。

そこには、会の発足からふれあいサービスが事業の中心となり、その後なごやかヘルプ事業へと統合した結果、在宅介護サービスはなごやかスタッフとして活動するため、会の事業は学習が中心となった。そのため、定例会に出席しても、これまでのように在宅介護サービスの情報が得られなくなり、地域福祉の向上に役立つ活動をするために入会した人の中には戸惑いも生じていた。「何をしている会かよくわからない」「参加しにくい」などの声が上がり、定例会への出席者数も減少していることが書かれている。

介護保険制度導入前後に、なごやかヘルプ事業について野村さんが「研修を担当していても、地域福祉の項目がどんどん減らされていくのよ。受講者も、仕事としてヘルパー資格を取りたいという人ばかりで、つまらないから、研修担当から外れるわ」と、私に話したことがある。

同じころ鈴木さんも野村代表から、ふれあいサービスからなごやかヘルプ事業に統合されたヘルパーの希望者が全員ヘルパーとして雇用をされた時点で、「清水なかまの家」を立ち上げており、「地域福祉を考える会」としては手一杯、自分は代表を降りるから残った人で続けてほしいと告げられている。しかし、野村さんが立ち上げて続けてきた会の代表を受ける人はいない。会員の半数しか出てこない会は辞めようかとの話も出たが、出席できない会員も「会報」には会の動きや情報が掲載されているので読みたいとの希望があるため、続けてほしいとの要望が強かった。そこで会を解散して、新しく名称も「地域福祉研究会」とし、会員も改めて募集して出直すこととなった。

代表は1年任期とし、初代は鈴木さんが担当、野村さんと比較をされるのはつらいので1年で交代することとした。

鈴木八重子さんは、1990年に会に入会、介護保険制度に関する情報提供を会報でするので手伝ってほしいと野村さんから頼まれ、「ふれあい通信」の115号の最終号までを作り続けた人である。野村さんの思いを言語化し文字化する役割を担って記録を作り続けた。「野村さんの原稿を読んで『社会の中で女性の労働力が安く使われる』システムが作られているので、当事者の力で変えていこうとしておられる思いがわかって、共鳴していった。ヘルパーさんは介護することを目的としているので、会報を読んだからといってフィードバックされることはなかった」と少し淋しそうに言われた。

「地域福祉研究会」になってからは、なごやかスタッフの仕事もなく、活動も行政への提言も野村さんがいない会では、行政と張り合うこともできず、自分たちの学習会としていった。

それでも、鈴木さん自身は、暮らしている地域の南医療生協病院のデイケアセンターに通っているボランティア組織を立ち上げて、10名くらいでボランティア活動の運営をするなど、地域福祉活動に今も取り組んでいる。

# 第3部　地域に密着した小規模・多機能ケア「宅老所」運動

小規模・多機能ケアとは、「清水なかまの家」のような宅老所やグループホームあるいは民間デイサービス等と呼ばれる、有志による地域での実践を指す言葉である。

１９８０年に「呆け老人をかかえる家族の会」が、制度の隙間を埋める形で地域に「託老所」(滋賀県)を立ち上げたのをきっかけに小規模・多機能ケアは、やがて全国に拡がっていく。１９８７年には、特別養護老人ホームの職員が「ことぶき園」(島根県)を立ち上げた。１９９１年開設の「宅老所よりあい」(福岡県)が「年寄りを託すちゃあなにごとか」と利用者に言われ、「普通の家で普通の生活を送る」という関わりから「託」ではなく「宅」の字を用い始める。

# 第1章　住み慣れた町で、普通に暮らしたい

## １　小規模・多機能ケアの変遷

地域密着、小規模、多機能を高齢者介護の基本概念として最初に提唱して、地域に小規模多機能ホームを立ち上げたのは、槻谷和夫(ことぶき園理事長　１９８７年設立)である。

槻谷は11年間の特別養護老人ホームでの勤務経験中、高齢者一人ひとりの個別の事情に配

慮することが難しく、夫婦一緒に生活することができなくなったり、住み慣れた地域を離れることになったりなど、「大規模性についての疑問」を持ち、「高齢者の願いや自己実現を阻害している原因が法律や制度にあることに着目」して、「法律や制度に影響されない自由な発想で施設運営ができる道を選択」して「ことぶき園」を立ち上げた。（賀戸一郎　林祐一　２００４）

地域密着は、社会福祉施設の立地条件の重要性を指す。「ことぶき園」が、出雲市の中心部にあり、建物の規模も普通の家と同程度であるのは、地域密着の理念が場所だけではなく、地域との調和さらには家族との関係の維持にも良いことを実証している。小規模は、生活の場を意識した生活空間や人間関係の円滑化を求めた結果である。多機能は、非分類入所をはじめ、在宅生活を維持するために「困った時、困った期間、必要に応じて利用」できる、当時としては画期的なサービス体制を確保することから生まれた。

小規模・多機能ホームについて、「地域密着とは、お年寄りがこれまで過ごしてきた地域での生活、人間関係が継続できること、小規模とは、お互いになじみの関係が持てる居場所であること、そして、多機能とは、通って、泊まって、自宅に来てくれて、必要があれば住むことができることとして、だいたいの理解が得られてきたように思う」と高橋誠一は述べている。さらに、地域密着、小規模、多機能の３つの概念をそれぞれ取り出して、小規模多機能ホームを論じることはできるが、どれが欠けても小規模多機能ホームとは呼べないとも付け加えてい

る。（高橋誠一　２００３）

在宅重視という介護保険創設の目的のひとつに反して、制度導入後は、在宅介護生活の維持の困難さが明らかになり、被保険者の高齢者や家族の権利意識も強まり、介護老人福祉施設（特別養護老人ホーム）等の施設入所希望が急増している。施設生活にはあるが在宅生活には欠けているのが「３６５日・24時間の安心感」である。宅老所・グループホーム等の小規模・多機能ケアの担い手は、「呆けても住み慣れた町で、普通に暮らしたい」という願いを、高齢者と家族の実情に合わせながら少しずつ形にして、高齢者の地域生活を支える福祉システムを手づくりしてきた。「主体性」と「社会性」を尊重したケアの具体化である。

第2宅老所よりあい所長の村瀬孝生は、「ただ寄り添うだけでなく、何に苦しみ困っているかに付き合う。その中で発見があり、折り合いをつけてくれていたりすることを見逃さず、次の関係につなげていくことをスタッフが組織的にやっていく。スタッフ一個人とお年寄りとの関係が深まればいいというものでもなく、そういう支援をしていく。熱意があれば、思いがあれば、好きだからではなく、その人の生活にもう一回自分たちが関与することで再構築されていくことが、仕事として求められる」とその特徴を述べている。

その運動の担い手を取りまとめた、宅老所・グループホーム全国ネットワーク設立趣意書（１９９９年1月23日）には、「痴呆症（当時）の高齢者が、これまで送ってきた普通の生活を地域の中で可能な限り継続していただくことを支援する、宅老所やグループホームなどの小規模で多機能なケアホームに先駆的に取り組んできました」と述べている。

渡辺靖志は、宅老所の展開と当事者の主体形成を福祉協同運動と名づけている。「高齢者の介護政策は、長く〝寝たきり〟対策が中心であり、痴呆症をめぐっては、無策に近い状態が続いていた。ここに、痴呆症を対象とした宅老所やグループホーム等の小規模多機能型の介護拠点づくり運動（以下、宅老所運動）が活発化してきた背景がある」と指摘したうえで、宅老所運動を、共同保育所運動と共同作業所運動における各分野の要求運動や研究運動と連携した協同的事業運動と捉えている。渡辺は、「ことぶき園」（島根県出雲市）、「やすらぎの家」（島根県出雲市、開設者：元高校教員アルツハイマー病の実母を介護する当事者三原玲子）、「宅老所よりあい」（福岡市、開設者：元特別養護老人ホーム職員下村恵美子）を調査研究している。

その結果「運動の発展過程そのものに、当事者とそれに関わる人々との共同の連帯をつくり出す過程があり、それは当事者や関係者の権利主体者としての成長を促し、当事者主体の福祉を創造する取り組みから、地域の福祉政策にも大きな影響を与えていく運動である」と評価している。（渡辺靖志　２００２）

# 第2章　名古屋市の宅老所「はじめのいっぽ」

## 1　ここがあるから呆けても安心、地域と育ちあう

「はじめのいっぽ」は、名古屋市中村区にある宅老所である。２００７年度　利用者延べ人数２、２３１名、稼働日数３０５日、１日平均利用者数７・３名である。

創設者で代表の野上美千代さんは、特別養護老人ホームに４年半勤務していた。その当時の大規模な集団生活での介護は、高齢者の尊厳を傷つける矛盾だらけであった。例えば、トイレで排泄ができるのにおむつをつけてしまう、つなぎの服を着せて抑制をする、入浴時間には浴室の前にずらりと高齢者を並ばせるなど、管理しやすいように利用者が施設に合わせさせられる、野上さんがエッと思うことばかりであった。利用者は皆が「家に帰りたい」と言う。しかし、家族だけの介護には限界があり、在宅で受け止める体制が無いので、利用者は帰りたくても家には帰れない。

悩みを抱えながら、介護職が作るサークル「名古屋市ケア連絡会」に参加して、三好春樹（生活リハビリ研究所代表　理学療法士）の講演会やセミナーにも出かけ、飲み会では大規模施設の愚痴

を吐露していた。そんな時三好春樹に、「愚痴を言っているくらいなら自分で立ち上げたら？福岡のよりあいも3人で立ち上げたんだよ」と言われ、「ノリで宅老所を創《はじ》める」決意をする。

同じ特別養護老人ホームで働く女性のなかまと3人で、先駆的実践をしている施設を見学して歩いた。福岡市の宅老所「よりあい」や神奈川県「生活リハビリクラブ」、群馬県「デイサービスみさと」や、愛知県内では一宮市の民間デイセンター「お達者くらぶ」や豊橋市「やもりクラブ」にも出かけていった。

準備は、すべてが順調に進んだわけではない。「よりあい」に研修で入った仲間は、無認可で始めることに不安を感じてもう少し勉強したい、と抜けていき、なかまは2人になった。当時を振り返って「本当は不安でした。どのドアを開けたら自分の行きたい道に進めるのか分からなかったし、お金も無かった。夢ばっかりで……。ただ夢を買う気で、駄目ならまた介護職に戻ればいいいと思って。27歳、若かったから勢いでできた」と野上さんは語る。

市内には住む所が無いため、なかまの実家を拠点にして準備を進め、1993年には「宅老所を始めたい」と公言をする。「呆け老人を抱える家族の会」全国研究集会（千葉県）など、様々な高齢者問題を考える会合やイベントなどで発言して、思いとともに場所の提供も要請していく。「私たちは宅老所をやりたいんです」と書いた手づくりのチラシを配布したり、11月からは通信を発行したりした。翌年3月31日には、宅老所「はじめのいっぽ」第1回交流会を、中村区の社会教育センターで開催している。「呆け老人を抱える家族の会」愛知支部の応援も得ることができて、代表が司会進行を担当してくれた。

こうした努力が実り、大家の母親を宅老所で受け入れることを条件に、無償でアパートの1室（6畳、3畳2間、バス・トイレ・キッチン付き）を借りることができて、いよいよ1994年5月に、スタッフ2名利用者4名で宅老所が開所する。認知症のお年寄りとともに、家庭的な雰囲気の中で、ゆったりのんびりと過ごせて、心の底から笑える場所づくりをめざしての出発であった。

通信のNo.5によれば、朝は、お茶を飲みながら世間話をしてのんびりと過ごし、昼食の準備も皆で一緒にしている。家では包丁を持つ機会の無い利用者の見事な包丁捌きは、スタッフよりも上手である。食事の後片付けを一緒にすませると、ドライブに出かけたり、喫茶店にも出かけたりしている。施設で働いていたときと比べて「こんなにのんびりしていていいのかな？」と思いつつも、何よりお年寄りのペースを大事にしていきたいと、書かれている。「バタバタしない介護」「どっしりと構えたデイ事業」は、現在も大切にされていて、大規模施設には無い、普通の暮らしが展開されている。

「はじめのいっぽ」の通所介護計画は、通常の介護計画のようにチェック項目をレ点で記述する方式はとっていない。利用者の状況を職員がしっかり見て、自分たちの言葉で記して、介護の計画を書く自由記述方式をとっている。さらに、本人や家族からの意見や希望も取り入れて、計画を再度評価し直す仕組みもとっている。

その人らしさを大切にする介護計画を実践するためにも、家族とのコミュニケーションは重視している。「今日は調子が悪いから休む」と言われた場合でも、できるだけ顔を見に行くように心がけている。スタッフに話を聞いてもらいたい家族の心情をフォローしたり、情報交換をするためである。

職員は、看護師、介護福祉士、ケアマネージャーなど有資格者が多いが、機能回復のためのプログラムは特に行わない。「年をとってまで、目標に縛られたくないのではないか。何もなく無事に一日を過ごせるということは高齢者にとっては良いこと」と考えているからである。こうした介護のあり方や方針は、「生活を本来の生活にすることこそ、介護の専門性であるというべきであろう」と「リハビリより介護を」（三好春樹　２００５）と訴える三好春樹の考えに同調している。

## 2　デイサービスがない残りの曜日は、時間は、みなさんどうするの？

「はじめのいっぽ」の利用料は、年会費が２０００円、１日は送迎付きで３０００円だった。利用者も徐々に増えて1年後にはやっと1か月の延べ利用者が50名を超えるようになる。しかし、初年度の収支報告を見ると、10月までは人件費が0円、つまり無償である。その後は6か月で一人12万円、月にすれば2万円である。スタッフは、自分の生活費をホームヘルパーのアルバイトで賄っていた。

お手本の「よりあい」からは、「お金は自分で出しちゃ駄目。自分のものになってこだわりすぎる。つぶれたときにも困るから、身銭を切っちゃだめ」と教えられていた。

宅老所を開設したものの、資金難に困り果てたときには、知人に紹介された女性から、資金の作り方、ボランティアの巻き込み方などを伝授してもらった。その女性は、娘のために障害者運動を展開する中で工夫を凝らして方法を身につけた人であった。

バザーを開き、寄付を募り、賛助会員を募集するなど、具体的なノウハウを教えてもらって実行している。通信には毎号、利用者さんの様子や事業報告と一緒に、寄付や寄贈のお礼や、賛助会員・ボランティア募集のメッセージが掲載されている。三好春樹もセミナーを開催した利益を寄付し、現在も賛助会員として援助技術や精神面だけではなく支援を続けている。

中村区は拠点にしたなかまの実家があるだけではなく、古い町並みに住み続けるお年寄りが多く高齢化率が高い地域である。近くの居酒屋で始まった高齢者福祉に関心のある人たちの会合に野上さんも参加する。やがて、会は場所を宅老所に移し、応援しながら自分たちの老後を考える勉強会に発展していく。

設立当初からの理念を共有しながら、年長者として20歳代だった若い代表を精神的にも支えてきたのは、この勉強会のOGでありそのうちの数人は現在もNPOの理事として支えている。

また、設立に関わり、結婚・出産のために専業主婦となった仲間は会員約30名のボランティアの会を取り仕切って、昼食調理、通信発行、講演会、バザー等を切り盛りしている。特に昼食は調理ボランティアが毎日交代で作っており、各々の個性豊かな食事が利用者やスタッフの楽しみとなっている。「ここでボランティアをすることで、年をとる、呆けるとはを学んで欲しい。身体が不自由になることを、一緒にご飯を食べながら知って欲しい」と願っている。

マスコミが描く呆けたら垂れ流しとか徘徊をして家族は困るとか、そんなイメージが先行して、認知症の人は怖いとか、認知症になったらどうしようと不安を植えつけられている。しかし、認知症の人もにんじんを切ったりして役割を果たし、こんなに楽しく暮らしている、こんなことを考えているということを学習する場にしたいと考えている。

「お金を出して調理専門の職員を雇ったほうが効率的かもしれない。でも、週に1回来るのが楽しみなボランティアもいる。急に都合が悪くなって、職員が調理をすることになって昼食が1時半になったこともあるけれど、それはそれでいい。家なんだから、普通の家でもそういうことがあるでしょ」と動じない。

確かに、片マヒの男性は、洗われて台所のテーブルに積み上げられた食器を、動く右手できれいに拭きあげていく。通っている間に介護度が軽くなり、介護保険の対象外になった女性も、毎日やってきて、洗濯物を干したりたたんだり、家の清掃を担当して、一見するとケアスタッフかしらと思うほど活き活きとしている。

設立当時実施されていた一般的なデイサービスは、週2回、9時から15時までが多かった。しかし、「残りの曜日は、時間は、みなさんどうするの?」と疑問に思っていた。実際、週2回短時間のサービスでは不十分で、在宅介護は支えられていなかった。高齢者が施設から住みなれた地域へ帰りたくても、家族が面倒を見る体制が取れないのだ。そこで「はじめのいっぽ」では、1995年9月には週5日、長い開所時間、延長のサービスも可能という、当時としては画期的なデイサービスを提供し始める。

現在は週6日、9時から18時までが開所時間であり、時間の延長、訪問、宿泊もできる。さらに介護保険の枠外の対象者も受け入れるなど、地域のニーズにはしっかりと応えて小規模・多機能ケアを展開している。

やがて利用者も増えて、1996年には、入浴サービスができる一軒家を探して引っ越ししている。当日は、利用者家族やボランティア総勢30名が参加して、前日まで利用者といつものように過ごして、何の準備もしていなかったスタッフを段取りよく手伝っている。引っ越し早々に開催されたバザーは、隣接する新しい地域への挨拶、宅老所はこんなことをしている所ですとのお披露目、家賃10万円の足しにする資金集めが目的であり、経営難は解消することは無かった。

## 3 「最初は立ち話から」月1回通った行政、全国ネットの事務局も

1999年1月に「①痴呆症高齢者のケアに関する情報の収集と提供、②相談、③研修、④研究、⑤社会的な提言など、宅老所・グループホームを推進することを目的として」(設立趣意書)宅老所・グループホーム全国ネットワークが設立される。「はじめのいっぽ」は、2004年までの5年間、「あいち宅老連絡会」の事務局として、通信発行、フォーラム、現場職員・代表者学習会、介護セミナーなどの開催と、全国ネットの窓口としての役割を果たしている。また現在は、別の組織である、「あいち小規模多機能ケア連絡会」の役員として、情報交流・相談などに努めている。

野上さんは、事務局として活動することは、多様な人と話す機会を得られて良かったと考えており、特に学識経験者との連携を評価して、平野隆之(日本福祉大学)の調査協力団体になったり、同朋大学や愛知淑徳大学の実習生を受け入れたりしている。「自分たち実践者は、思い

だけで熱く語るから理路整然と人にわかるように話すことが難しいが、学識経験者が自分たちの思いを言語化して行政などに伝えてくれている」、よき代弁者と考えているからである。

宅老所の事業主は全国的にはNPO法人が多いが、「あいち」は株式会社・有限会社・社会福祉法人・NPOなど多様な法人が設立母体となっている。「はじめのいっぽ」立ち上げ時には、宅老所などの民間デイは県下で3ケ所しかなく、見学には全国各地に出かけたが、今では、身近に参考にできるところがたくさんできたので立ち上げやすくなっている。関わる人々が宅老所の先駆的な実践だけでなく、運動として介護に入る時間やプライベートの時間を割いて、活動を継続したからである。

宅老所・グループホーム全国ネットワークの調査（設立趣意書）によれば、1980年代半ばから先駆的に始められた小規模・多機能ケアの取り組みは、1999年には1、300ケ所を超えており、そのうちの半数近くは、法人格の無い住民団体や個人の運営であった。それでも学識経験者をも巻き込んだ全国的な運動の成果で、認知症の高齢者が毎日利用できる「デイサービスセンターE型」や、共同で生活する「グループホーム」の国庫補助事業を生み、さらに地方自治体独自の弾力的な補助事業の創設を生み出していた。

野上さんも、行政には、毎月1回話しに出かけている。1回3、000円1か月6万円も費用が掛かるのに、年金が3万円しか無くても通ってくる高齢者がいる、そうした事実を突きつけて宅老所の必要性を根気よく訴えた。

行政担当者も「最初は立ち話で耳を傾けるようになり、次に部屋に通してくれるようになり、坐って話を聞いてくれるようになりました。そのうちに奥に通してくれてお茶が出てくるようにと対応が変わって」いく。

## 4　NPO法人になり、E型デイサービス受託から良くなった労働条件

運動の成果が実り、実績も認められて、「はじめのいっぽ」は介護保険制度導入前の半年間、E型デイサービスを受託することになる。

この頃名古屋市では、介護保険導入に備えて中学校区に1ヵ所ずつデイサービスセンターの設置を計画しており、民間でも3年以上の実績があるところには委託を打診している。

「はじめのいっぽ」も考慮の末、市の指定事業者になるために、1999年9月に、NPO法人格を取得し、さらに指定事業所としての施設基準を満たすために、現在の拠点に移転している。

小規模デイサービスの事業委託を受けるためには、建物面積が100平米以上必要であり、ボランティアが現在の2階建ての庭付き民家を探してきてくれた。それでもハード面には経費

をかけない方針なので、古い民家の改修は、入り口、トイレのバリアフリー化など必要最小限度に、費用は100万円程度に押さえている。「宅老所の段差を改修しても、自宅に段差があれば同じこと。利用者の生活の中で、ここで過ごす時間は限定されているのだから、ハード面に気を使うよりは、スタッフを充実させて介助したほうが良い」と考えているからである。

経済的には、1999年10月、市のE型デイサービスを受託して利用者13人から再スタートしてようやく安定する。無認可時代からの苦労が報われて、やっとスタッフ4名を、正職員3名アルバイト1名として給料が払えるようになる。そればかりか、利益も出て、貯えることができている。バザーも、資金集めのためにというよりは、楽しみにしている利用者や家族や地域の人、支援者との交流の機会とすることが目的となっていった。

私も手伝いに入ったが、開始前から大きな袋を持ってお客さんが玄関前で待ち構えており、入場制限をしなければならないほど盛況で、会場のあちこちから笑い声が聞こえてくる、とても楽しい一日だった。バザーの利益はボランティアの活動資金にあてられている。

2000年4月の介護保険制度導入時には制度の枠内に入って、指定通所介護事業所になっている。利用者負担を減らすことと経営の安定化が目的である。明治や大正生まれの無年金あるいは、年金額が少ない高齢者にとって、利用料は大きな負担である。しかも、90歳代の利用者の子どもも年金世代の老老介護、1回3、000円、月額6万円の利用料は、税金対策にも医療費控除の対象にもならず、重い負担である。これ以上経済的負担はかけさせたくないと考えて、迷わず参入している。また、それだけ負担して利用料を支払ってもらっても、職員の給与は月額10万円で、「こんな生活いつまで続くんだろうと不安」にも思っていた。介護保険制度の導入は「やっと資金など何も無いけれど思いがいっぱいある人が参入しやすくなった」と喜んでいる。ただ、「思いがそんなに無い人もお金儲けで参入してきちゃいましたけど」が正直な感想でもあった。

介護保険制度も2度の改正で介護報酬が切り下げられたり、加算がなくなったりで以前ほど経営状態は楽ではない。それでも2007年12月現在、ケアスタッフ8名のうち正職員は5名で、介護職の平均給与である生活給は支給されている。さらに、公務員のボランティアが就業規則を作成したので、例えば休日は公務員並みに年間122日と多い。一般の特別養護老人ホームは休日が4週8休なので年間104日である上に祝日は入れないなど条件が厳しい。それらと比較しても給与水準は平均的だが、実質的には良い待遇となっている。パートタイマーは、事業所側の希望ではなく、子どもが小さいなどの自己都合で就業形態が選択されている。

野上さんは介護職が安く見られることには反対で、介護報酬も低すぎるとの意見を持っている。「こんなもんでいいだろうっていうのが介護職の単価ですよね。そういうことを考えたのは男なんだろうなって思います。大変さを知らない人、家事労働をやったことがない人が、こんなもんでいいだろうって単価を設定したのだろうと思います。私は一軒一軒違うお家に行って、しまってある場所が違う包丁や調味料を使って、その人にあうお料理を作っているヘルパーさんはすごいと思います。でもその家事労働が、生活援助がいちばん低く見られている。身体介護より低く見られている。見守りも身体介護だけれど、ただ見ているだけですよね。でも汗だらだら流しながらお料理作って、掃除して、すごい短時間のうちに次の日の朝ごはんまで作る、それが生活援助で低く見られているのは違うと思う」と述べている。

人材は、設立当初は知人や福祉のネットワークから自然に人が集まってきたが、介護保険制度導入の頃から、職業安定所等を通して公募するようになった。余分に人を雇うことができないので、新卒者を教育するだけの余裕もない。職員は即戦力になる経験者の中途採用ばかりである。宅老所のやり方に慣れてもらい、家族の顔も覚えなければならないので、せめて介護はできる人でないと現場はまわっていかない。介護に関しては、信頼がおけるスタッフに恵まれているが、一方で設立動機や事業の背後にある運営への参加等について、随時伝えてはいるものの、どこまで共有できているかを図ることが難しくなっているという。

男性スタッフに関しては、雇用するなら「2名か0名」と考えている。延べで正職員は2名、アルバイトは1名雇用したことがあり、最近まで2年半在職していたが、2006年9月に退職している。お婆さんたちは若い男性だと喜ぶので、男性スタッフでも支障は無いのだが、小規模施設では職員のストレス解消には仲間づくりが重要なので、男性職員は2名か0名となる。入浴介助は、男性利用者を女性職員は介助できるが、女性利用者を男性職員が介助することはできない。「だからうちみたいな小規模施設では男性職員を2名は雇えないから0名ということになる」ということだ。

## 5 「採算が取れない、小規模多機能型居宅介護は様子を見ます」慎重な姿勢

2006年の介護保険制度の改正で、宅老所は小規模多機能型居宅介護として制度化された。指定事業者になるか否かについて質問をすると、「採算が取れなくて、給料が出せないから今のところやりません」と即答された。定額制で泊まりや通いの回数に制限が無いので、利用者や家族にとっては良い制度であるが、経営者としては怖い制度だと考えている。制限が無いから登録者25名全部が来たいと言われた場合、全部を受け止めることは不可能である。たくさんの施設を運営し、職員も必要に応じて融通が可能な複合体ではない、デイサービス単体の小規模施設では不可能な制度設計だ。

「今までは先頭を切って走って皆さんに教えるばっかりだったから、今度は教えてもらってもいいかなと考え、回りの様子を見て、やれるようだったら取り組んでみよう」と慎重に構え

ている。

すでに介護報酬の切り下げ等で経営は苦しくなっている。その上に、平均介護度4と重度化している利用者の入院等で利用実績が減ると、影響は深刻に出る。2007年度の事業報告書にも、「介護サービス情報の公表」の調査を受けた結果、2006年度の実績は1日の平均利用者数7名で予算を下回っている。介護度の平均が4と重度の方が多いため、減収にはいたらなかったと記載されている。宿泊介護事業も職員の宿直体制で対応していて、他所の短期入所利用時には「暴力行為」が原因で2ケ所断られた人が、ここでは、穏やかに過ごしている。介護の質は良くても、利用料9、000円は利用者にとっては高額で家族は利用をためらっている。しかし、経営面で見ると安い宿泊料で、職員の労働条件を確保しつつ宿泊事業を行うことは難しい。延べ69名の宿泊で収入は627、000円、支出は648、500円で、21、500円の赤字である。

市内の福祉系NPO法人が集まって市に2回要望を出したが、財政難を理由に通所介護での宿泊に関して市独自の助成金をつけることは困難であると拒否されている。

2007年総会議案書の事業報告書によれば、2006年度は、宿泊事業に加えて居宅介護支援事業についても2、1474、874円の赤字であった。

野上さんに自分の将来について質問をしてみた。「独身だったから、これだけ多くの人と出会い、時間もたくさん使うことができ、結果的にはそれが人脈となってよかったと思う。結婚は、全然したくないわけではないけれど今のほうが気楽です。好きなときに一緒にご飯を食べに行ったり逢ったりするほうがいい、相手の生活の面倒まで見なくていいから楽。ただし、お金は貯めておこうと思っている。最低月13万円はないと施設にも入れないし、年金も25年かけなくちゃいけないし、かけてももらえるかどうかわからないって思うと、お金だなあって思います」と言ったあとに「今は充実しているけれど将来もっと身体が不自由になって老け込むと……うーん、でもわからない、もしかすると1年後に交通事故か何かで死んでるかもしれない。いろんな生きかたがあっていいと思います。職員にも理念、根っこだけ一緒なら枝の伸び方はどんな風でもいいよって言ってます」と続けた。

これだけの事業を創業して継続できたのは何故かとさらに質問をすると、両親が共働きであった上に、学童保育所を立ち上げていた。「宅老所を立ち上げることが特別なことだとは思わない、バザーをやるのも、親の帰りが遅いのも、父親がご飯を作るのも特別だとは思わない」と、特別であるという表現を否定する。

仲間や学識経験者の支援とともに性別役割分業にとらわれない両親のもとで育ち、学童保育所の仲間と一緒に育った生育歴も、特別養護老人ホームの高齢者の普遍的人権に敏感な野上さんの感性をはぐくむ要因の一つであったのかもしれない。

地域との連携がうまくいくのは、町内会の組長やごみ当番に参加することだけでなく、徘徊する利用者が地域住民の関心を引くことなどもきっかけとなっている。徘徊する利用者を近所の人が見つけて連絡してくれたり、徘徊する利用者がスタッフを困らせていると、「あんた、このおねえちゃんの言うことききかないかんが」と言ってくれたりすることである。

私が訪問していた日も、予告もなく近所の人がお饅頭を持って入ってきて、利用者さんたちと「久しぶりだねえ」と話し込んでいった。訪ねてくる理由を問うと、「ここの人たちの様子を見ることで、年取るってどういうことか、呆けてもここがあれば大丈夫ってことを見せてもらっとるの」と、目標と同じ答えが返ってきた。ここは地域に安心感を与える役割を果たしている。

「はじめのいっぽ」の特色は、大規模施設にはできない小規模ケアの介護の質の優位性だけではない。関係者や住民や専門職や学識経験者らが、宅老所の実践を通して、地域の福祉コミュニティの担い手としてその構築に主体的に参加している。実際の福祉ニーズに応えるための活動を主体的協働的につくり出し、そのことの下からの積み上げを通じて、地域社会を構築していくことの必要性と可能性を、そしてその道筋を実証的に示している。

★
★
★

NPO法人はじめのいっぽは、2023年9月30日をもって地域密着型通所介護事業所を閉鎖し、NPO法人も解散した。通信「はじめのいっぽ」(No.103)「突然のお知らせ」によれば、利用者の減少、建物の老朽化が原因だったようです。野上美千代さんとしてはもう少し頑張りたいとの意向でしたが、燃料費高騰などもあり、理事会での話し合いの上、決意したとのこと。

1994年5月に開始してから29年間、2000年には介護保険の指定事業所になり、利用者さんやご家族への柔軟なケアはもちろん、小規模・多機能ケア「宅老所」運動の先駆けとして地域で福祉コミュニティの担い手の役割も果たしました。野上さん、スタッフの皆さんお疲れさまでした！

29年間地域密着型介護事業を担ったはじめのいっぽ

## 6 「宅老所運動」と介護保険制度改正

「小規模・多機能ケア」は、お互いに情報交換をしながら介護の質を高めていく中でその先駆的な事業が行政にも認められ、都道府県の補助事業として公的支援を受けられるようになる。1992年「E型デイサービス」(痴呆症対応・小規模・毎日型)が制度化され、1997年には「グループホーム」が制度化される。やがて厚生労働省老健局の私的研究会による報告書『2015年の高齢者介護~高齢者の尊厳を支えるケアの確立に向けて~』(座長:堀田力 2003年6月)では「宅老所」の実践が言及され、「在宅で365日・24時間の安心を提供する:切れ目の無い在宅サービスの提供」として「小規模・多機能サービス拠点」が初めて政策用語として登場する。「小規模ケア」を「ユニットケア」として特別養護老人ホーム、老人保健施設、介護療養型医療施設においても実践、さらに地域分散型サテライト方式によって逆デイサービス、逆ショートステイ等を通じた施設介護機能の地域展開など、新しい介護サービス体系が提唱されている。

平野隆之と奥田佑子は『宅老所・グループホームの発展段階』(2005)において、宅老所・グループホームを小規模・多機能ケアの地域拠点として統一的・一体的に捉えたうえで、制度及び実践の展開過程を3つの段階に分けている。

第1期は、1983〜1991年まで、実践者が宅老所・グループホームの先駆をなす取り組みを実施している時期とする。1989年に栃木県が認知症高齢者デイホーム事業への補助制度を創設するなど、県の単独事業により支えられている例は僅かにあるものの、その原動力は自発性にある。国により痴呆症高齢者への小規模ケアが制度化されるまでの時期に相当する。宅老所としては1983年開設の「デイセンターみさと」(群馬県)が第1号である。しかし、通所から開始して泊まり・居住を行う「小規模・多機能型老人ホーム」としては、1987年に開設した「ことぶき園」(島根県)が第1号である

第2期の1992〜1999年は、国において痴呆症高齢者の在宅支援として導入されたE型デイサービスの導入に始まり、2000年の介護保険導入を控えて、全国レベルで宅老所・グループホームのネットワークが発足する時期である。さらに1996年「栃木県高齢者デイホーム連絡会(栃木県小規模ケアネットワーク)」ができ、宅老所の全国実態調査結果の名簿を配布したことをきっかけに、同じ年に愛知県にも連絡会が発足する。1998年「全国痴呆症高齢者宅老所・グループホーム研究交流フォーラム(宅老所フォーラム)」(宮城県)が開催され、大勢の人々が出逢い、翌年「宅老所・グループホーム全国ネットワーク」が発足している。小規模・多機能ホームや地域共生ホームなどの取り組みの形がはっきり見えてくるようになり、実践者も全国レベルでつながっていく時期である。

第3期の2000〜現在（同書は2005年2月発行）は、介護保険制度導入から、介護保険見直しのなかで、小規模多機能ケアの制度化が模索されている現在までとしている。

私はさらに、地域密着型サービスのひとつとして制度化されて以降を第4期の始まりとして捉え、2006年改正介護保険制度導入により創設された「地域密着型サービス」の中に「小規模多機能型居宅介護」「認知症対応型通所介護」「認知症対応型共同生活介護（グループホーム）」等が、住み慣れた地域で、地域の特性に応じて多様で柔軟なサービスが可能な新たなサービス体系として組み込まれ、サービス拠点等の整備には交付金が、運営には介護保険制度から介護費が給付されるようになった時期を出発とする。したがって第3期は2000〜2005年、第4期は2006年〜2007年度とする。

先にふれた報告書『2015年の高齢者介護』では、それまでの「自立支援」から「高齢者の尊厳を支えるケア」つまり「高齢者がたとえ要介護状態になったとしても、その人らしい生活を自分の意思で送ることを可能とすること」にケアモデルを転換している。生活の継続性を維持するための新しい介護サービス体系は、地域包括ケアシステムの確立の中に位置づけられ、1、在宅で365日・24時間の安心を提供する　2、「在宅―施設」を超える新しい「住まい」　3、高齢者の在宅生活を支える施設の新たな展開、が提案されている。

特に「在宅で365日・24時間の安心を提供する」については、宅老所・グループホーム等の実践が評価され、切れ目のない在宅サービスの提供として小規模・多機能サービス拠点整備があげられている。

しかし、『2015年の高齢者介護』では、宅老所の実践を評価しながらも「小規模・多機能サービス拠点」という言葉に置き換えていることに着目したい。「その背景には、介護保険法の維持や地域分散型サテライトケアも組み込む思惑が働いたことが影響している」とし、その理由を宅老所の人的・物的そして経済的にも不安定な状況を最大の要因としてあげている。
(賀戸一郎　林祐一　2004)

さらには、この報告書が現行の介護保険の制度的な枠組みを維持・微調整することを前提としたものとしてとらえ、現在、私たちが根本的に問うべきは、介護保険制度の制度設計と運営のあり方自体であり、いわば〝現実路線〟とも言えなくはないような、現行制度の枠内で可能な小規模多機能サービス拠点を提唱することは、逆に「制度」の本質的な問題を隠蔽化してしまうのではないだろうか、と問いかけている。(天田城介　2004)

2006年の改正介護保険制度導入では、宅老所が「小規模多機能型居宅介護」となり、グループホームが「認知症対応型共同生活介護」として再編されるだけではなく、さらに「夜間対応型訪問介護」が創設され、「認知症対応型通所介護」「地域密着型特定施設入居者生活介護」(有料老人ホームその他入居定員29名以下のもの)、「地域密着型介護老人福祉施設入所者生活介護」(特別養護老人ホーム入所定員29名以下のもの）を「地域密着型サービス」と総称することとした。

　こうした制度の改正を受けて、宅老所・グループホーム研究交流フォーラムでは、「一人ひとりの地域での暮らしの継続を支援してきた宅老所の選択〜『小規模多機能型居宅介護』で小規模多機能ケアは実現するのか〜」（「第10回全国宅老所・グループホーム研究交流フォーラムinしずおか」２００６年11月25〜26日）を開催している。グループホームを併設して「小規模多機能型居宅介護」を開始した事業所や、制度化を見送っている事業所などの事例報告を交えて検討を行っているが、会場の参加者発言も含めて、「宅老所」の事業主たちは「小規模多機能型居宅介護」に移行することをためらっていた。それは、川尻良夫厚生労働省老健局課長の「第３期介護保険事業計画上の見直し整備目標３、９３４箇所（２００８年度）に対して、10月末の指定状況は全国で２５４箇所」の報告でも裏付けられている。

　さらに愛知県でも、「あいち小規模多機能ケア連絡会が求めたホントの小規模多機能とは〜その人らしさを追い求める為の条件づくり〜」（「あいち小規模多機能ケア連絡会フォーラム２００７」２００７年３月18日）が開催されているが、ここでも、「小規模多機能型居宅介護」の指定は愛知県で17ヶ所、名古屋市で８ヶ所であった。名古屋市の場合、中学校区に１ヶ所の整備目標を達成するためには１０９ヶ所の整備が必要である。

　平野隆之は、こうした状況を「新しいサービスであるだけでなく、これまでの在宅サービスにはない定額払い報酬を導入しているなど制度設計上の理由から事業所側が足踏みをしている部分もある。また、市町村の小規模多機能ケアへの理解は必ずしも進んでいるとはいえない現状も見て取れる」としている。

平野がその著書の中で紹介している調査によれば、拠点整備の考え方を全国の自治体に調査した結果では、「特養ホームを運営主体とした拠点整備」が48・2％と最も多く、次いで「認知症グループホームからの展開」41・5％、「営利法人」35・2％が続き、制度化のモデル「宅老所」の活用は18・2％と最も少なかった。

名古屋市では、2008年1月1日現在「小規模多機能型居宅介護」指定事業所は10ヶ所で、すべて新規参入の営利法人であった。有限会社1社を除いて株式会社の多くはスケールメリットを考慮して複数展開をしている。

さらに、名古屋市は「小規模多機能型居宅介護」を開設する事業所が少ないため、「グループホーム」を開設するには、「小規模多機能型居宅介護」の併設を条件とする。本来小規模多機能ケアの宅老所に、泊まりや居住ができる「グループホーム」を併設するはずであったことから考えると本末転倒である。こうした動向に伴い小規模多機能ケアの本質が損なわれることが懸念される。

平野は、「地域密着型サービスの登場の背景には、認知症高齢者に対する施設での大規模・

集団ケアの限界から新たな小規模ケアの必要性が確認され、その普及方法として地域密着型サービスが採用されたという歴史がある。自治体は、こうした導入の目的を充分理解したうえで、圏域設定や指定といった業務を遂行しなければ、手段そのものが目的化する危険性をはらんでいる。制度ができたからと新たなサービスの整備に終始するのではなく、既存の資源の活用やデイサービスの質の見直しなど、広い視野での取り組みが求められる」と警鐘を鳴らしている（平野隆之　奥田裕子　２００５）。

# 第4部　高齢者介護の制度ができるまで

「我がこと」として地域福祉の創造に取り組んできた「地域福祉を考える会」の歩みは日本の福祉政策と無関係ではない。どのような影響を与えて、そして影響を受けてきたのか、高齢者介護の制度化の歴史的展開を文献研究によって明らかにしてみる。

# 第1章　ホームヘルプサービス制度の変遷

## 1　はじまりのはじまり

名古屋市におけるホームヘルプサービスは、伊勢湾台風（１９５９年）による被害程度激甚地区での被災者、特に独居老人等を救出するために、地域の民生委員や主婦たちがボランティアで開始した活動を、翌年「名古屋市家庭奉仕員派遣制度」としたのが始まりである。この制度は、台風の被害がひどかった熱田・中川・港・南の名古屋市内南部4区のモデルケース（家庭奉仕員12名）を経て家庭奉仕員（以下ホームヘルパーと表記）を名古屋市社会福祉協議会（以下市社協と表記）の嘱託員として全区に配置（待遇月給１１、７００円、奉仕員数25名）しており、後にそのホームヘルパーを正規の市職員として採用した（１９７４年）。しかし、無料ではあるが、対象者を低所得の高齢者に限定した措置的・選別的な制度運用であり、ホームヘルパーの数も不足したまま増員もされず、ニーズの増加に充分応えることはできていなかった。

「地域福祉を考える会」（会長野村文枝）は、女性たちの草の根グループを母体に発展している。1965年度名古屋市教育委員会開催の福祉セミナーの受講生によってつくられた自主グループ「若葉会」が発端であり、「老人医療費無料化」や地域でのボランティア活動などに取り組んでいた。

名古屋市がホームヘルパーを市の正職員としたほぼ同じ頃、市の教育委員会主催の老人福祉セミナーから生まれた自主グループ「若葉会」が、「お年寄りの生活に触れて学び、自分たちの老後を考える」ことを目的とした地域ボランティア活動をする「さつき会」に発展している。同市における地域ボランティアグループ第1号として在宅高齢者の生活介助活動を始めたのだ（1975年）。

1975年は、オイルショック後の福祉見直しが行われていた時代である。福祉政策もサービスの抑制と施設から在宅へサービスの移行が始まっていた。市も人口増加に伴い千種区と昭和区の2区を分区して、新たに名東区と天白区が発足したため、一時的に市が雇っているホームヘルパーが不足することとなった。福祉事務所としても人員の補充がすぐにはできないため補完役が必要となり、地域ボランティア「さつき会」に協力要請を行っている。

「さつき会」が活動を始めてから10年余りを経ても210万市民を抱える名古屋市で、市職員のホームヘルパーは110人のままであり、新規雇用は退職に伴う補充のための1人のみであった。会として増員要請をしても叶えられず、不足するホームヘルパーは、ボランティアが補っていた。彼女たちも目前の生活課題を抱えて困窮する高齢者と家族を見るに見かねて、矛盾を抱えながらの活動であった。

『老人福祉の在り方について（建議）』（社会保障制度審議会1985年）では、「これからの老人福祉政策は、一部の低所得者を対象とする対策では時代の要請に十分に応えることができないという認識のもとに、自立とノーマライゼーションという考え方を基本理念にすえ、また、できる限り地方分権と住民参加を図る」ことを趣旨としている。

『長寿社会対策大綱』（厚生省1986年）でも、「2健康・福祉システム」において介護サービスを受けることができるようサービス供給体制を確立するために、「地域の相互扶助を促進しつつ、地域におけるサービス供給体制の体系的な整備を図る」としている。

こうした方針を受けて、全国的な傾向としてボランティアを有償化させ、公的ヘルパーの替わりに介護マンパワーの中に組み込むところが目立ってくる。

名古屋市は当分有償化はしなかったが、市社協が「介護マンパワー養成講座」を再々開いている。「さつき会」はこれに協力して、開催の都度実践報告を行っているが、こうした市社協の方針に直面して、自主グループのまま残るか否かをめぐって考えが異なる会員の間で分裂の危機を迎えた。さらに追撃ちをかけるように、名古屋市は地域ボランティアグループに対して、「有償活動への参加意識調査」を行った。

「家庭奉仕員派遣制度」の改正とともに、市は家庭奉仕員派遣事業を補完するために「介護人派遣事業」を導入する。導入前に家政婦会に呼びかけたが不調に終わり、短期、緊急時対応を目的に、市民参加事業として登録型有償ボランティア制度を実施している（1984年10月）。

## 2 「介護の社会化」のはじまり

「介護の社会化」は介護保障の制度化を巡る議論において、1980年代に登場し90年代に広がりをみせた概念である。それは「介護者のいかにも重い負担から解き明かし、負担の軽減のためには長らく要介護者の家族や友人あるいは隣人が担い続けてきた日常生活上の援助を社会サービスによって軽減すること」と定義づけられた。その背景には、高齢化率の上昇と3世代家族の減少という家族形態の変容、女性の社会進出等、生活支援や社会的介護が必要となる中間層高齢者の増加がある（三富紀敬　2011）。

「介護の社会化論」が登場する以前の高齢者に対する社会福祉施策・実践活動の総称である

高齢者福祉は、「老人福祉法」（1963年7月11日法律第133号）が高齢者福祉の基本法として制定された時点から始まる。時を経て「老人保健法」（1982年8月17日法律第80号）が制定され、「老人福祉法」に規定されていた保健・医療関連の事項がこれに移されていく。

「高齢者介護」が社会問題化する端緒を開いたのは、社会福祉協議会による2つの調査報告であった。1つは、「居宅ねたきり老人実態調査報告書」（1968年）で、70歳以上のねたきり老人は約20万人であり、その内21・1%はおしめを使用している事実が明らかにされた。また介護者は49・8%が嫁、25・1%が配偶者、14・5%が娘、2・7%が息子で、ほとんどが女性であることから、家族介護の負担の重さだけでなく、「女性問題」「性役割」としての課題をも提起した。

もう1つの「老人介護の実態―寝たきり老人介護」（1979年）では、寝たきり老人の期間が3～5年未満は17・8%、5～15年未満は22・4%、10年以上は13・2%と長期間にわたることも公表され、「寝たきり老人問題」に対する社会の関心を高めていった。

こうした調査とは別に、私たちが「高齢者介護」について問題意識を持つきっかけとなったのは、有吉佐和子のベストセラー『恍惚の人』（1972年　新潮社）である。翌年映画化され、認知症の舅森繁久彌を介護する嫁の高峰秀子が、弁護士事務所で働き家事をこなしながら介護に翻弄される映画も大ヒット。のちにテレビドラマ化もされている。田村高廣演ずる夫は、商祉に勤めて多忙を極める上に、認知症の父の症状が自分の未来に重なって見えることがやりきれなくて最後まで介護には関わらなかった。

これらを受けて厚生省（厚生労働省への名称変更は１９９９年（平成11年）であるためここでは厚生省を使用）は１９８４年から本格的な寝たきり老人の実態調査を始める。やがて高齢者福祉政策は「施設福祉」よりも「在宅福祉」へと政策転換が行われ、「寝たきり老人ゼロ作戦」が展開されていく。

家庭奉仕員の派遣事業が老人家庭奉仕員派遣事業と明文化されて法定化されることにより、福祉施設の介護は寮母、在宅介護はホームヘルパーと規定して、「家庭奉仕員派遣事業」は「訪問介護」や「居宅介護」とも呼ばれるようになる。

厚生省は、公的責任の原則から家庭奉仕員の身分を原則常勤とし、全国展開するが、対象者を低所得の高齢者に限定した措置的・選別的な制度運用をしながら、無料でサービスを供給した。

しかし、社会的入院[1]の増加が財政上の問題となり、１９８２年には「老人家庭奉仕員事業

1　積極的な医学的治療は要しないが介護等の受け皿がないために在院が継続するものをよぶ。長期療養の必要な慢性疾患が増えたことだけでなく、家族形態や就業状況の変化が背景にあるとされる。主として老人や精神障害者で問題になるが、老人の場合には介護保険制度導入の目的の一つがこの解消にあるとされた。『現代社会福祉辞典』有斐閣２００３年

運営要綱」が改定されて、所得税課税世帯にも所得に応じて費用を徴集する応能負担制[2]がとられ、有料の派遣が可能となった。

派遣先の拡大や高齢者保健福祉推進十か年戦略（ゴールドプラン１９８９年）に始まる緊急整備計画によってホームヘルパー数が大幅に増加する中で、家庭奉仕員という名称はなくなりホームヘルパーで統一され、それまで社会福祉協議会のみであった委託先を多様化して、シルバービジネスの参入がはかられることとなった。

同時に、ホームヘルパーの常勤原則が無くなり、急激なパート化・登録化が進む。人員管理と多様化するニーズに対応するために、基幹的役割を担う主任ヘルパーの設置が必須となり、主任ヘルパーを中心に看護婦（当時）等他の専門職との連携を重視するチーム運営方式（１９９２年）が導入され、さらに訪問介護の派遣形態も従来の滞在型訪問に加えて、24時間対応ヘルパー（巡回型訪問　１９９５年）が創設されている。

介護保険制度（２０００年）に移行してからは、被保険者は認定された要介護度に応じた限度額内で、個人契約によるサービスの給付を受けることができることとなる。介護保険に該当しない場合にも、市区町村が実施主体となり、介護予防・生活支援事業としてのホームヘルプサー

---

2　経済的能力に応じて負担額を決定する考え方。対語は所得に関係なく便益の対価として利用料などを負担する応益負担制『４訂社会福祉用語辞典』中央法規出版

ビスが実施されていた。

「高齢者保健福祉推進十か年戦略（ゴールドプラン）」（1989年）は、厚生省（現在の厚生労働省）・大蔵省（現在の財務省）・自治省（現在の総務省）の3大臣が合意して在宅福祉の推進と施設緊急整備を打ち出している。

6項目の具体的な施策は
1　介護サービス基盤の整備～「いつでもどこでも介護サービス」～
2　痴呆性高齢者支援対策の推進～「高齢者が尊厳を保ちながら暮らせる社会づくり」～
3　元気高齢者づくり対策の推進～「ヤング・オールド作戦」の推進～
4　地域生活支援体制の整備～「支え合うあたたかな地域づくり」～
5　利用者保護と信頼できる介護サービスの育成～「安心して選べるサービスづくり」～
6　高齢者の保健福祉を支える社会的基礎の確立～「保健福祉を支える基礎づくり」～
であり、これらを実現するために在宅サービス・施設サービスの数値目標を掲げた日本初の高齢者保健福祉計画であるとの評価が高い。ホームヘルパー10万人、デイサービス1万か所、ショートステイ5万床というように在宅福祉対策を飛躍的に拡充するとともに、施設対策についても特別養護老人ホーム24万床、老人保健施設28万床等大幅な拡充が目標とされた。

また、在宅介護支援センター、ケアハウス、高齢者生活福祉センターといった新規施策が積極的に取り込まれてもいる。さらに、「ねたきり老人ゼロ作戦」として機能訓練体制の整備、脳卒中情報システムの整備、介護要員の確保、脳卒中等の予防のための健康教育等の充実も盛り込まれた。「ゴールドプラン」により1990年から1999年までの10年間に6兆円以上の予算をかけて在宅福祉の推進が図られた。さらにプランを円滑に進めるために、1991年には「老人福祉法」が改正され、市町村において「老人保健福祉計画」の策定が義務づけられてもいる。

しかし、「高齢者保健福祉推進十か年戦略（ゴールドプラン）」では、何故ヘルパー10万人なのか等、計画目標の根拠が明らかにされていない。社会サービスの水準はそれを必要とする人口との関連で考えられるべきであるが、この計画ではそうした視点が欠落している。65歳以上人口1万人対比では、ホームヘルパーは21人から48人へ、特別養護老人ホームは101床から114床への伸びに過ぎなかった。必要人数は、ホームヘルパーはフルタイム換算で、65歳以上人口1万人あたり91～140人であり、1999年の老人人口にあてはめると約19～29万人となるが、設定された計画目標は低すぎる。私たちは、「ゴールドプラン」は「コールドプラン」だと批判していた。

その後、高齢化の進行が予測よりも急速に進んでいることを受け、「ゴールドプラン」は見直され、1994年には数値目標を修正した。「新ゴールドプラン」は別名「高齢者保健福祉推進十か年戦略の見直し」とも呼ばれ基本理念には、

1　利用者本位
2　自立支援
3　普遍主義
4　総合的サービスの提供
の4つが掲げられた。

1999年までに整備する数値目標も、ホームヘルパー17万人、デイサービスセンター1・7万か所、ショートステイ6万人、特別養護老人ホーム29万床と上げられた。

1999年度で「新ゴールドプラン」が終了することや、2000年は日本の高齢化率が世界最高水準に到達することが予測されるため、1999年12月には「ゴールドプラン21」が策定される。同プランは別名「今後5年間の高齢者保健福祉施策の方向」と呼ばれるもので、施策の充実を図るために、
1　活力ある高齢者像の構築
2　高齢者の尊厳の確保と自立支援
3　支え合う地域社会の形成
4　利用者から信頼される介護サービスの確立
を基本的な目標に掲げ、明るく活力のある高齢社会を実現するとしている。

## 3　国民負担率という数字のマジック

1980年代初頭の行財政改革以来、「国民負担率」の増大が経済成長を阻害するので抑制するべきとの議論が盛んであった。筆者もそのために「ゴールドプラン」の数値目標が低くなっていたのではないかと考えている。だが、国民所得に対する租税負担率と社会保障負担率を加えた数値のみによる国民負担率の指標としての妥当性には疑問がある。日本の国民負担率は国際的にみて高くはない（図3参照）。

80年代は30・5〜37・9％だが、国民負担率が低いからといって国民の負担が少ないわけではない。そこには自己負担や機会費用[3]やシャドウ・ワーク[4]等が算定されていない。したがって国民一人ひとりの状況によっては、国民負担率には算定されていない、より重い負担がのしかかっている。

また国民負担率の小さな国が経済的成果も良いとは限らず、高くても経済成長率が良い国

---

3　人間の選択行動において、ある選択を行うことで失った、選択しなかったものの価値「知るぽると」金融広報中央委員会　2022年5月24日 https://www.shiruporuto.jp/public/document/container/yogo/k/kikai_hiyo.html

4　賃労働の陰に随伴する無償労働『岩波女性学事典』

図３　国民負担率（対国民所得比）の内訳の国際比較

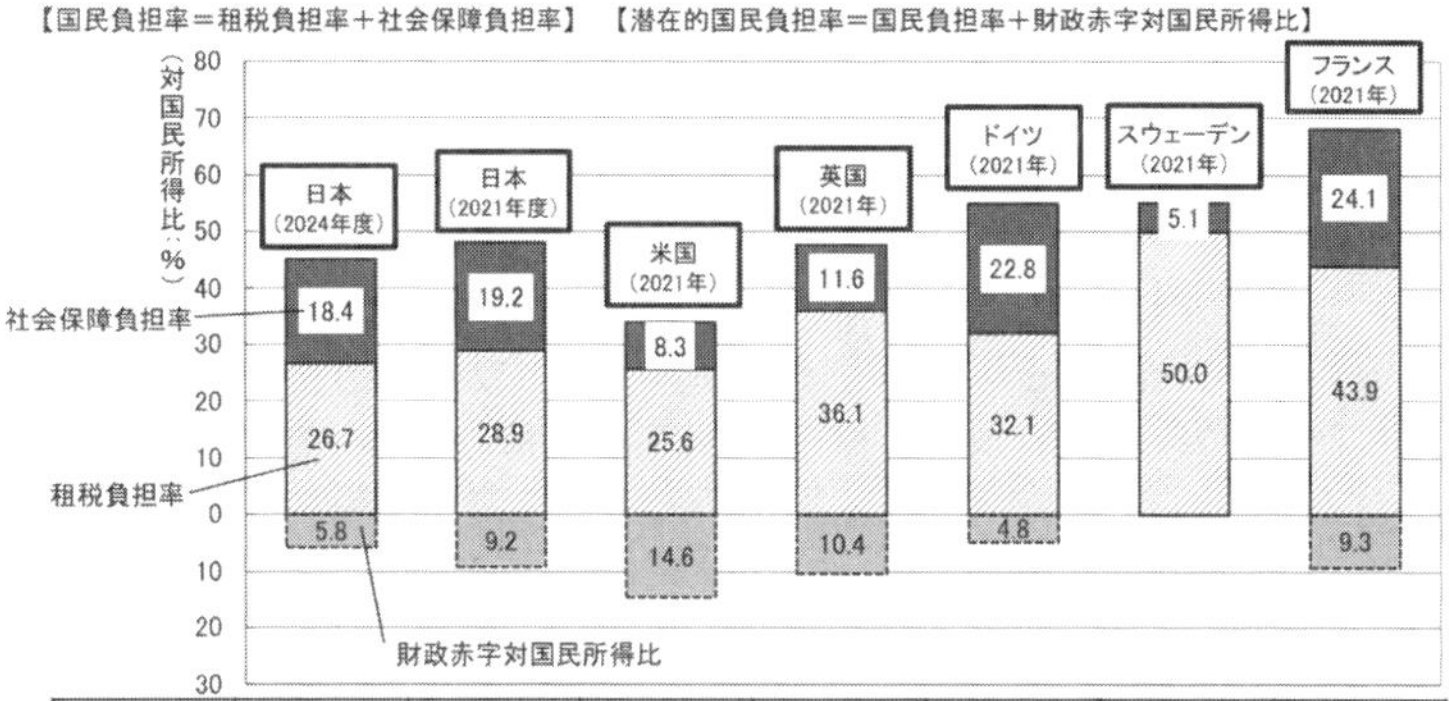


| | | | | | | | |
|---|---|---|---|---|---|---|---|
| 国民負担率 | 45.1 (32.5) | 48.1 (34.4) | 33.9 (27.1) | 47.6 (36.2) | 54.9 (42.0) | 55.0 (37.1) | 68.0 (47.2) |
| 潜在的国民負担率 | 50.9 (36.7) | 57.3 (41.0) | 48.5 (38.7) | 58.0 (44.0) | 59.8 (45.7) | 55.0 (37.1) | 77.4 (53.7) |

（対国民所得比：%（括弧内は対GDP比））

（注１）日本の2024年度（令和６年度）は見通し、2021年度（令和３年度）は実績。ドイツについては推計による2021年暫定値、それ以外の国は実績値。
（注２）財政収支は、一般政府（中央政府、地方政府、社会保障基金を合わせたもの）ベース。
ただし、日本については、社会保障基金を含まず、米国については、社会保障年金信託基金を含まない。
（出典）日本：内閣府「国民経済計算」等　諸外国：OECD "National Accounts"、"Revenue Statistics"、"Economic Outlook 114"（2023年11月）

出典：財務省より https://www.mof.go.jp/tax_policy/summary/condition/a04.htm

もある。資源制約の中では、社会政策における費用対効果という視点が重要で、これまでの増分主義から政策の優先順位を真剣に考える必要がある。高齢社会の中で社会政策資源の合理的利用が重要となっていく時、社会政策各分野の費用対効果を比較しながら、その大きい分野に優先的に資源配分をすることも必要となる（武川正吾　1993）。

日本の社会保障制度は、高齢者に対する給付は、現金・現物の両方で、ほかの先進国に見劣りしない水準に達している。一方、家族向け給付や障害者向け給付といった現役世代への給付、特にサービスなどの現物給付は明らかに不十分である。このような制度設計は世代間対立

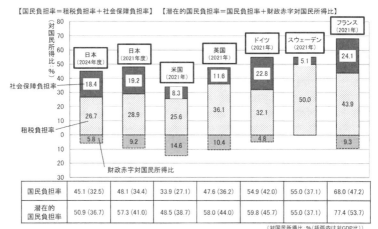

を生み出している。理由は、高齢者層が政治的多数であること、障害者や業務災害や疾病で働けなくなった労働者が政治的少数者であることも考えられる。しかし、高齢者だから給付が充足しているとは限らない。特に現物給付の少なさや低所得層の困窮は顕著である。政治的弱者への配慮や社会の寛容さを示す項目は、社会的信頼の視点からも見逃すことができない論点である。

少子高齢化や、女性の社会進出により社会的なニーズは変化する、この変化に呼応してセーフティネット（安全のために網の目のように張り巡らされる救済策）の張り替えは必須である。ユニバーサリズム（普遍主義化）は、現役世代においては育児・保育・初等教育を、高齢になれば養護・介護をというように各ライフステージですべての人々の必要を満たす。多くの人々に社会保障を提供し、多様な社会的リスクに備える体制を整え、現金給付による所得保障から、現物給付による生活保障へと力点を移すことで、幅広い層に租税負担を求めることが可能となる。

既存の公共投資によるワークフェアの機能を改善しながら、中長期的にはこれを量的に縮小し、少しずつ対人サービスにシフトさせていくという戦略が最も現実的な選択肢となる。

高い質の労働者と高付加価値産業の組み合わせは日本経済生き残りの大前提である。高付加価値産業へのシフトによる雇用吸収力の弱まりと失業率の上昇は、労働集約的な福祉産業への投資、政府の公共投資による雇用創出が不可欠となる。

公共事業の見直しには、既存ストックの維持補修、長寿命化対策、再生可能エネルギーの促進等がある。社会保障と結びつく人的投資を公共投資に組み込んでいくことも有効であろう。建設業から福祉産業への業種転換時の補助や地域ニーズに即した政策選択を行い、国はそれをサポートする枠組みへの変更が必要である。特に意思決定過程への住民参加も重要なポイントである。

人間を所得の多寡で区別しない、ユニバーサリズムに基づいた財政が、尊厳と信頼の社会という、新しい編成原理に支えられた社会を構築するうえで不可欠の条件である。支出面だけでなく収入面でもこの原理は貫かれなければならない。

## 4 「介護の社会化」を実現するために問われる介護労働の専門性

「介護」という言葉は「介助」と「看護」を組み合わせた造語であろうと推定されている。「介護」という言葉が一般に使われるようになったきっかけは、老人福祉法（1963年）と関係が深い。特別養護老人ホームの創設で問題となったのは、老人の世話を誰が行うかであった。入所高齢者は何らかの病気や障害を持つ人であり、従来の寮母の仕事とは異質である。当初は看護婦が検討されていたが、慢性的不足状態にあり、特別養護老人ホームの老人の世話を担当することは不可能であった。そこで、特別養護老人ホームは「家庭に代わって世話をする場であり、世話にあたる人は家族に代わって行うものであるから、老人の世話に当たる人は従来のホームのように素人の寮母でよしとする考えで」施設介護が発足することとなった。その時、寮母が行う老人の世話を、看護婦の資格がない素人が行う行為を「看護」と呼ぶことはできないので、「介助」と「看護」を折衷した「介護」と命名した。

笹谷春美（2004）は、高齢者の介護労働に携わる施設の介護労働者や在宅の高齢者をサポートするホームヘルパーを指して、福祉労働には従来家庭内で主に女性が担当していたものが外部化されたものが多いとしている。「介護も家庭内で女性が担っていた典型的労働であり、施設の寮母やホームヘルパーの前身である家庭奉仕員などその歴史は長」く、いわゆる「食事、入浴、排泄」の三大ケアを主な仕事とする労働であり、「その当初は特別な資格もなく専門性も望まれず、むしろその名のとおり奉仕精神と主婦として家事や介護の経験が求められた」ために、「主婦労働が専門化されずにそのまま賃労働化された経緯がある」と述べている。しかし、「高齢者の介護度の重度化、痴呆等介護の複雑化に伴い、介護労働にも専門性のニーズが出てくる。その要請を受け、1987年に介護福祉士の国家資格が創設され」専門的な資格が付与されることとなったと解説している。

社会福祉士及び介護福祉士法第二条2の定義（2008年1月）では、「介護福祉士」を「介護福祉士の名称を用いて、専門的知識及び技術をもって、身体上または精神上の障害があることにより日常生活を営むのに支障がある者につき心身の状況に応じた介護を行い、並びにその者及びその介護者に対して介護に関する指導を行うこと（以下「介護等」という）を生業とするものをいう」と、「入浴、排泄、食事その他の介護」を、修正して規定している。

井上千津子（2000）はその著書の中で、介護に関する研究は、学問体系としては新しい領域であり、急速な介護ニーズの増加と、介護福祉士資格の創設を背景として構築されてきたと述べている。したがって理論化するための用語も、介護福祉・介護・ケアワーク・介護サービス等様々あるが、その相違点も明確にはされていない。しかし、自身の介護実践を通して介護の概念規定を試み「生活とは人間らしく生きるための基本的欲求の充足過程」と定義したうえで、介護を「生活行為を成立させる援助を通して、命を護り、生きる意欲を引き出すこと」と定義している。

その上で、介護の専門性として、①科学的な技術に裏付けられた介護実践　②予防的介護実践　③自立性を目指した介護実践をあげている。

浦井基子（2003）は、ホームヘルパーが自宅で主婦として行う「家事」と、ホームヘルパーの業務として行う「家事援助労働」の差異に注目して調査している。

調査では、「家事」と「家事援助労働」の違いをホームヘルパーの回答が集中した順に挙げて①対象の違い　②場所の違い　③時間の違い　④家事の位置づけの違いであり、総合すると「個別の利用者の家庭の家事にどこまで合わせられるかという点」にあるとする。「ホームヘルパーの労働の専門性」を、ヘルパーたちは、「利用者一人一人に合った援助介護をするところが専門的である」「限られた時間でサービスを安心して提供することができるのがプロ」と答えている。そのために、マニュアルが作られ、「家事労働の内容は、主婦が自分流で行う『家事』から利用者のやり方に合わせて行う『家事援助労働』」に変わっていくとしている。

介護保険制度の改定（2003年）によって訪問介護における家事援助は生活援助へと名称が変わり、生活援助より身体介護のほうが介護報酬も高く設定された。

さらに介護職には原則禁止されていながら利用者や家族からは求められる医療行為も、厚生労働省から「医師法第17条、歯科医師法第17条及び保健師助産師看護師法第31条の解釈について」（2005年7月）という通知が出され、専門的な管理の必要がいらない爪切りや耳垢の除去、自動測定器による血圧測定などは医療行為に該当しないとの見解が示された。また、厚生労働省がALS（筋萎縮性側索硬化症）患者に対するたんの吸引を、一定の条件のもとでならホームヘルパーやボランティアにも容認する方針を固めつつあることも明らかになっている。本来医療行為は医師の指示のもとに看護師が行うべきであるが、在宅介護において、日常的に医療・看護が不足しているため、ヘルパーやボランティアが受け入れざるを得ない状況が作り出されている。

介護は対人サービスであるため、個別的・非定量的・非反復的・非定型的な労働である。介護の専門性も明確には定義されておらず、そのため、位置づけも労働条件も低い。

井上は、「時の政策に流されたり、惑わされたりせず、介護の理念を堅持し、社会の需要に正しく対応することが緊要」として、介護独自の理論体系、技術体系の構築を課題としている。

高齢者介護の担い手として国が誰を対象規定していたかには3つの道筋があった。

「介護労働の制度化過程」は複雑である。1つには、「家庭奉仕員派遣制度」から「ホームヘルプサービス」の制度化へと進む道筋がある。他方、老人福祉法（1963年）によって、福祉施設の介護は寮母、在宅介護はホームヘルパーと規定された。特別養護老人ホームの創設に伴い、「施設職員」が誕生するが、それも当初は素人の寮母で良しとされた。その後施設の介護職員を「福祉職員」とし、専門的業務と補助的業務との境界を明確にする業務体制の再検討も行われている。さらに第3には、家政婦から病院付添婦そして介護職員への道筋もある。その他に、有料・有償の住民参加型ホームヘルプサービスも存在する。

ホームヘルプサービス事業と同様の目的を持つ福祉サービスが、公的制度として日本で初めて登場したのは、長野県における「家庭養護婦派遣事業」（1956年）である。上田市・諏訪市をはじめとする13の市町村が、各市町村社会福祉協議会に委託した。それまでボランティアで、家庭内の家事処理者が不治の疾病・傷害等のために家事を行うことが困難となった家庭に訪問をしていた活動を、県の事業として制度化したものであった。原則として期間は1か月以内、臨時に雇用された家庭養護婦を有料で派遣するが、義務教育終了前の児童、要介護老人・障害者のいる世帯には無料で優先的に派遣する仕組みとなっていた。

2年後には大阪市が「臨時家政婦派遣制度」を民生委員連盟に委託、1960年には名古屋市が、1962年には東京都も同様の事業を開始している。東京都では、家庭奉仕員の派遣は、核家族化によって増加した高齢者世帯や1人暮らし高齢者等の在宅高齢者に対する福祉効果が顕著であると認められた。同年には、「老人家庭奉仕員派遣事業」は国庫補助の対象となり、250人分の予算が計上された。

渋谷光美（2014）は、こうした家庭奉仕員制度の起源については、制度が社会福祉の一環として創設された歴史に加えて、家庭奉仕員の労働は家庭内の家事の延長であるとして、家事労働そのものを軽視し、「女性の労働」として劣位に置き、単純労働であるとの誤認を戦略的に流布する立脚点ともなったと指摘している。

他方田中由紀子（2000）は、とはいえ当時は、介護を必要とする人への対応は、福祉施設への入所が主流を占めており、地方公共団体による在宅福祉サービスの「家庭奉仕員派遣」が公的施策として導入されたことは、国の福祉事業のあり方に一石を投じる画期的なできごとであったとも述べている。

厚生省は、「老人家庭奉仕員派遣要綱」（1965）で、公的責任の原則から家庭奉仕員の身分を原則常勤とし、全国展開するが、対象者を低所得の高齢者に限定した措置的・選別的な制度運用をしながら、無料でサービスを供給した。しかも、職員選考基準は、心身ともに健康であること、老人福祉に関して価値と熱意を有すること、家事介護の経験と相談助言の能力を有することとし、特別な研修も必要とせず、その専門性は問われなかった。

1969年以降は「寝たきり老人」対策として、常に病臥している低所得者への派遣とされた。1972年には、一人暮らし老人が一時的に寝たきり状態になった時、近所に居住する老人福祉に理解と熱意のある人を登録して、介護人として派遣する「介護人派遣事業」も開始する。

第一次オイルショック以降経済成長がマイナスとなる中で、新自由主義による政策運営が行われ「小さな政府」に向けて、社会保障は抑制されていく。

1975年には「第1回全国地域福祉研究会」が開催され、全社協はその方針を低所得者及び施設中心から地域福祉へと転換した。「住民参加型有償・有料在宅福祉サービス」は、福祉を担う新しい活動と位置づけられた。

『第20回厚生白書』（1976年）でも、老後の日常生活上問題への対処は、地域住民の連帯による援助と、家庭奉仕員の派遣等や日常生活用具の貸与を挙げている。しかし、事業活動の担い手には職業的な要員、つまり専門家だけではなく、自主的な奉仕活動（ボランティア活動）によるコミュニティケアを推進していった。

1979年『新経済7か年計画』に「日本型福祉社会論」が政策用語として登場する。「福祉国家」の実現ではなく、自助と伝統的家族、地域共同体を基礎として、公私が適切な役割分担を行う「新しい日本型福祉社会の実現」が政策目標となる。社会的入院の増加が財政上の問題となる中で、1982年には「介護人派遣事業」と「家庭奉仕員派遣事業」が一本化された。「老人家庭奉仕員派遣事業運営要綱」が改定されて、所得税課税世帯にも所得に応じて費用を徴集する応能負担制がとられ、有料の派遣が可能となった。採用時の70時間研修が義務化されるが、同時に、ホームヘルパーの常勤原則が無くなり、急激なパート化・登録化が進む。

1987年には全社協の住民主体による民間有料（非営利サービス）の在り方に関する研究会が『住民参加型在宅福祉サービスの展望と課題』を発表する。同年『第31回厚生白書』「社会保障を担う人々―社会サービスはこう展開する―」においては、家族中心主義的発想が持続されており、近隣同居や準同居等の新しい傾向をとらえ、条件が整えば家庭内での看護・介護意識は高いと家庭機能を再評価している。伝統的な「親は長男が」「女性は家に」ではない「新しい家庭観」と言いながら家庭の福祉機能への期待は継続、新しい民間サービスへの期待では、ボランティア活動やシルバーサービスの振興がうたわれている。

「第1篇第2章第1節　要介護老人対策」でも、住み慣れた地域や家庭の中で家族や近隣の人々に囲まれて生活を維持していけるよう在宅サービスの充実を挙げ、社会サービスの供給の現状と問題点充実の方向について触れている。

「地域福祉を考える会」の発足と「ふれあいサービス」（非営利、住民参加型有料・有償サービス）の開始は、その目的を「あたたかな助け合いの心と、活動の輪を広げ、地域福祉をすすめること。また事業を通して公的福祉制度の充実を促進させるとともに、地域社会の連帯と会員相互の親睦をはかること」とした草の根の女性たちのグループである。しかし、その背景には地域における社会福祉サービス供給を、自主的な奉仕活動（ボランティア活動）によるコミュニティケア推進での政策動向が存在していた。

「介護労働者」としての担い手は、1987年「社会福祉士及び介護福祉士法」の施行により、介護職は国家資格とされたが、低賃金や劣悪な労働環境や社会的評価の低さは改善されず、慢性的な人手不足が続き介護現場は崩壊しつつあるのが現状である。

派遣先の拡大や「高齢者保健福祉推進十か年戦略（ゴールドプラン）」（1989年）に始まる緊急整備計画によってホームヘルパー数が大幅に増加する中で、家庭奉仕員という名称はホームヘルパーで統一され、それまで社会福祉協議会のみであった委託先を多様化して、シルバービジネスの参入がはかられることとなった。

人員管理と多様化するニーズに対応するために、「ホームヘルパー養成研修実施要綱」（１９９１年）により、ホームヘルパー１級は３６０時間、２級は90時間、３級は40時間の過程を経て資格を取得することとなった。

２０１０年には、ホームヘルパー３級課程修了者の業務は介護報酬対象に該当しないこととなった。さらに、２０１２年改正「介護保険法」では、介護職員による日常の「医療的ケア」の実施が盛り込まれ、医療技術の進歩とも相まって利用者の重度化・長期化が進む中で、「介護労働」の専門性はますます高まっている。しかし、「社会福祉の専門職員」としての位置づけや評価、さらには労働の対価等の処遇は低く、介護現場では人材不足による「介護崩壊」が相変わらず深刻である。

対策として、１９９２年には「介護労働者の雇用管理の改善等に関する法律」が、社会問題化する家族の介護問題への対応と介護労働力確保のための法整備として施行された。しかし筆者の調査研究の結果（石井（岡）久美子　２０１２）いくつかの問題点が明らかとなっている。

そのひとつは、法の対象規定を、当初は看護と介護を統一的に把握していたにもかかわらず、介護労働力のみを対象としたことである。

高木和美（２００６）は、次のように述べている。介護職員は看護師とは別建ての養成システムで看護師より安上がりの労働力とされている。養成時間を一定程度引き上げながらも介護福祉士の賃金格付けは看護職よりも低位におかれ、介護職に就く労働者が、魅力ある生涯の職として見通しをもって生活設計を描きにくい状況がつくりだされている。介護職の医療行為も含め、同じ労働の担い手を統一的に養成し、合理的な資格制度とセットの職務分掌を定めることで、すべての担い手に、定着・熟練・キャリアアップの可能性を開くことができる。その職業を魅力あるものにし、サービスを必要とする人々と家族の安心と健康の質を維持・向上させるためにも、労働者が公正な労働条件下で働くことは、介護に限らず労働政策全体で取り組むべきことである。

ふたつ目は、同法が国家公務員の天下り機関である「(財)介護労働安定センター」を創設することを目的とするものであったと考えられることである。唯一評価する点は、同センターが毎年行う「介護労働実態調査」等の調査であった。

施策としては、同センターを介して、雇用管理の改善に関する措置について計画を作成し、管轄する都道府県知事に提出して認定を受けたうえで実施する事業主に対して、雇用保険を財源として助成金を支給する、経済的誘導策が主であった。介護労働の専門性を正当に評価して労働の対価としての賃金水準を上げることや、職場の雇用管理を改善しない事業主を告発する等介護労働者の立場に立った対策は同法には規定されていない。介護労働者への施策は、能力の開発及び向上を図るための職業訓練や就労機会に必要な情報提供等の実施のみである。同法は、25年を経てもその目的である「介護関係業務に係る労働力の確保」と「介護労働者の福祉の増進を図ること」を達成できていない（石井（岡）久美子　２０１２：50－51）。

筆者は１９９６年に名古屋市における住民参加型ホームヘルプサービスの展開に大きな役割を果たした、「地域福祉を考える会」（会長野村文枝）の10年史を、同会会員や研究者と共に編集・執筆した。当時は、「介護保険」の導入に向けて、住民参加型福祉サービス供給組織は、会の活動を地域福祉の向上を目的とした社会参加活動に止めるのか、条件整備をして介護保険制度の受け皿とするのか、営利企業の進出が予測される中でその役割を改めて問われている時期であった。

「介護保険制度」導入後17年を経て、２０１５年度第6期の「介護保険法」改正では、「地域包括ケアシステム」の構築に向けた地域支援事業の見直しと、介護サービスの効率化・重点化に伴う地域支援事業の市町村事業への移行が進められている。要支援者への介護サービスは、プロフェショナル（有資格者）ではなく、小回りの利くサービス主体（ＮＰＯやボランティア）が担った方がよいものもあるとして「地域の実情に応じた柔軟なサービス提供」が認められた。

愛知県では、２０１６年12月に人材派遣会社の株式会社パソナが受託して「あいち介護サポーターバンク」が発足した。これは、県内の介護事業所の一時的な人手不足に対応するため、社

図4　家事・看護・介護の比較

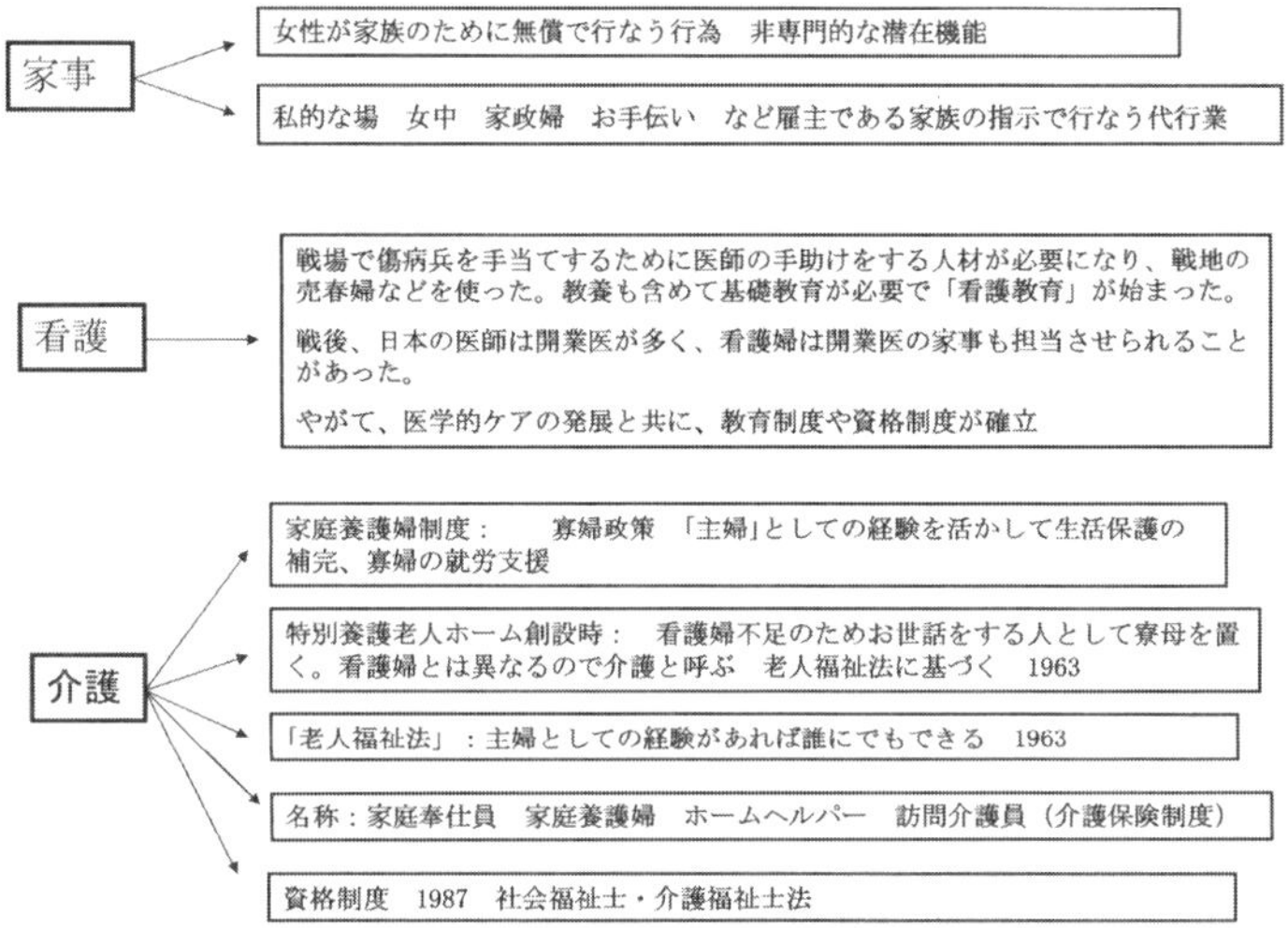


図5　介護の専門性

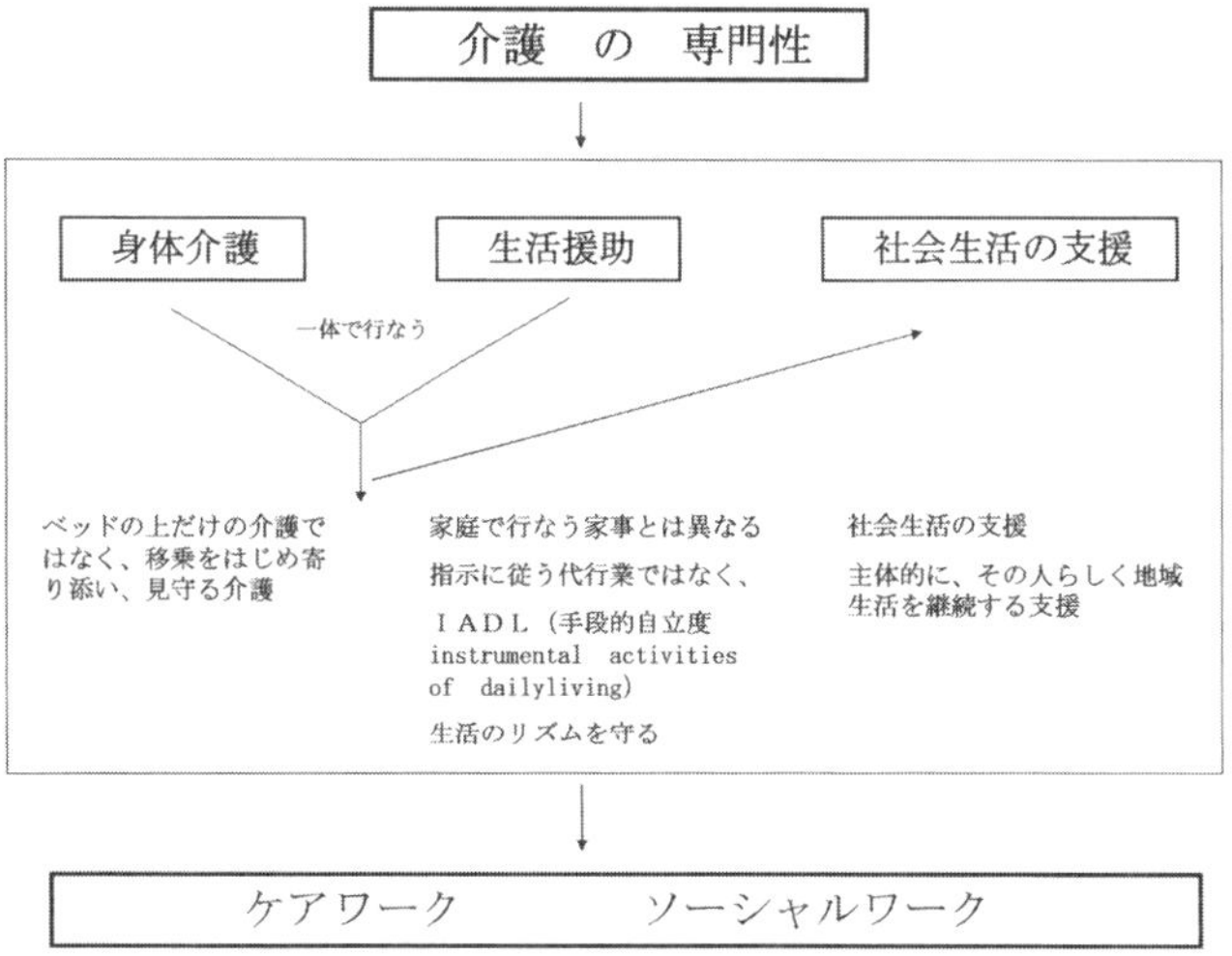

会参加・地域貢献に意欲のある高齢者等に登録してもらい、介護事業所との活動条件のマッチングを行うものである。登録には、2日間約12時間の無料研修を受けることを求められる。バンクを通じた活動には、有償・無償、アルバイトでもボランティアでも可とされており、すべて無償（ボランティア派遣依頼）、交通費実費負担（ボランティア派遣依頼）、有償サービス（時給希望額＋交通費実費）、その他の4種類があり、最長1か月以内の短期間としている。愛知県地域福祉課人材確保グループによれば、2017年3月現在介護サポーター希望者は定員にははるかに満たず、4月以降に募集を再開する。

地域包括ケアシステムとは、できる限り住み慣れた自宅や地域で暮らし続けながら、必要に応じて医療や介護等のサービスを使い最期を迎えられるような体制である。老人クラブ・自治会・ボランティア・NPO等の地域住民の介護力に大きな期待が寄せられている。まさに「歴史は繰り返され」、したがって「過去から学ぶ意義」は大きい。（図4、5参照）

# 第2章　介護保険制度ができるまで

## 1　「介護保険制度」導入の目的

現在の日本の高齢者介護制度は、「介護の社会化」を目的として導入された「介護保険制度」にそのほとんどが統合されている。しかし「介護保険制度」導入は、厚生労働省に関係する複合的な財政危機への対応を目的とする「介護」の社会保険化、老人保健制度の改革、医療保険制度の改革という一連の改革の端緒であった。

１９７５年から続く「赤字国債発行」や、１９９０年代のバブル経済崩壊後の経済不況等により、１９９２年以降一般会計の伸びが抑制されたにも関わらず、厚生省（当時）予算の伸び率は突出していた。特に「高齢者保健福祉推進十か年戦略（ゴールドプラン）」の柱である在宅福祉サービスに係る国庫補助金による予算補助を、社会保険化することで大蔵省（当時）との交渉を必要としない特定財源化したいとの要望がその背景にある。

さらに、老人福祉費は１９９５年度２兆円を超えるが、そのうち82％は「社会的入院」を中心とする「老人医療給付費負担金」つまり老人保健制度への国庫負担金であった。そのうえ、医療保険制度は不況による実質賃金の減少に加え、失業率の上昇等で歳入の伸びが鈍化していた。他方、医療技術の進歩や老人保健制度への拠出金等の歳出は増加するばかりであった。国民健康保険・政府管掌健康保険・組合管掌健康保険いずれも赤字であり、1994年度は赤字組合比率が53％にも上っていた（吉原雅昭　1997）。

厚生省による財政危機への対応策として成立・導入された「介護保険法」は、「第2条4被保険者が要介護状態となった場合においても、可能な限り、その居宅において、その有する能力に応じ自立した日常生活を営むことができるように配慮されなければならない」とあるように「居宅介護」を中心としている。それは私的な「家族介護」を前提とした利用抑制を伴う制度であった。このような制度設計が可能になったのは、高齢化率の上昇、家族の変容、女性の社会進出の増加といった、家族による「私的介護」の破綻への対策として「措置から契約へ」の制度移行を伴いながら、「第1条　国民の共同連帯の理念に基づき」、「介護」を「社会化」するという理念を、多くの国民が納得したからである。しかし実際は、「私的介護」から公的責任による「社会的介護」へとするべき目的を、「自助・互助・共助・公助」という枠組みとしている。つまり自助＝高齢者本人及びその家族らによる私的介護（インフォーマルケア）、互助＝地域住民らによる相互扶助による介護（セミフォーマルケア）、共助＝社会保険制度による介護、公助＝自助・互助・共助をもってしても賄いきれない部分を支援する介護（フォーマルケア）により、

「私的介護」から「介護の社会化」へと「公的責任」を後退させている。

1990年代は、社会福祉基礎構造改革に伴う「措置から契約による利用へ」と転換する流れの中、「介護の社会化」は、入所サービスの社会化（ノーマライゼーション）、施設情報の公開、第三者サービス評価等の導入による経営・運営の社会化、福祉問題の社会化（家族介護、社会的入院の解消）の実現も含めた内容に変化している。

2002年に公表された「2015年の高齢者介護」では、多様な新しい住まいの実現と従来の通所・入所施設との連携による施設の社会化のひろがりも期待されている。[1]

これらに共通するのは、家族介護の限界を認識して、社会で介護を支えるという考え方である。しかし、私的介護の位置づけが明確化されていないために、2000年に導入された介護保険制度による「介護の社会化」では、家族介護の負担軽減は実態としては進んでいない。[2]

国民の共同連帯の理念で発足した介護保険制度は、要介護者自身の意思の尊重と自立、自己実現をめざし、利用者が選択して契約する点に措置制度とは異なる画期的な改革があった。

---

1 『社会福祉辞典』2002年 野口定久による施設の社会化解説参照

2 介護保険制度導入を評価しながらも、実現されていない充実発展すべき方向を提言 1必要なサービスを、だれでも、いつでも、どこでも、利用できる制度 2わかりやすい簡潔な制度 3財源を制度の充実のために有効に活用する制度 4必要な財源を、政府、自治体が公的な責任において確保する制度である。「介護保険制度改正への提言―要介護認定の廃止等利用者本位の制度に―」認知症の人と家族の会2010年参照家族介護に対する補完的援助を基本とせず、本人の要介護認定によって本人の状態に応じた利用限度額を設定している。しかし、実際の運用面ではいくつかの問題点が指摘できる。例えば、同居家族の介護力があれば生活援助サービスに利用制限がある、介護福祉施設への入所待機リストの優先順位も下がる等がそれである。同居家族の介護力評価には健康、育児・介護、就労も加味される。

２０１５年４月から実施される名古屋市の評価基準表（表２）によれば、本人の状態は要介護度と問題行動とを合わせても１００点中最高40点である。主たる介護者の状況が40点、その他では他の介護者や介護協力者の有無が20点となっており、現実には家族介護に対する補完的援助が基本となっている。

しかし、こうした家族介護の補完といった考え方が、妻・嫁・娘を介護の担い手とする性別役割分業として職業における性別職務分離ともなり、家族介護の補完という二次的位置づけとともに、介護労働者の提供する介護サービスの社会的地位や処遇を貶めていると考えられる。

「介護保険制度」がめざした「介護の社会化」が、家族依存的な介護体制からの脱却をめざす標語であったのに、制度導入後も、日本の福祉政策における家族主義的体質に風穴は開かず、要介護高齢者の在宅生活を支える家族介護者の負担軽減にもなっていない現実が存在する。

特に、訪問介護の生活援助サービス提供に焦点をあてると、その費用額総計は介護サービス

表２　指定介護老人福祉施設の入所に関する指針について

名古屋市特別養護老人ホーム入所評価基準表（共通評価）

| 評価項目 | | 配分 | | | | | | | |
|---|---|---|---|---|---|---|---|---|---|
| 本人の状態 | 要介護度 | 40点 | 30点 | | 介護度5 | 介護度4 | 介護度3 | 介護度2 | 介護度1 |
| | | | | | 30点 | 25点 | 20点 | 17点 | 15点 |
| | 問題行動 | | 10点 | 頻度 | 非常に多い | やや多い | よくある | たまにある | なし |
| | | | | | 5点 | 4点 | 3点 | 2点 | 0点 |
| | | | | 事項 | 5項目以上 | 4項目 | 3項目 | 1～2項目 | なし |
| | | | | | 5点 | 4点 | 3点 | 2点 | 0点 |

| | | | | | | | | |
|---|---|---|---|---|---|---|---|---|
| 主たる介護者の状況 | 介護の困難度 | 40点 | 介護者無 | 介護者有 | | | | |
| | | | ○身寄り無等のため介護ができない | ○遠距離介護<br>○要介護状態<br>（要介護度4～5）<br>○長期入院<br>○障害（1級）のため、極めて介護が困難 | ○通い介護<br>○要介護状態<br>（要介護度1～3）<br>○病気療養中<br>○高齢（80歳以上）<br>○就労（終日）<br>○障害（2級）等のため介護が困難 | ○要支援状態<br>○病弱<br>○高齢（70歳以上80歳未満）<br>○就労（半日）<br>○障害（3級）等のため十分な介護が困難 | ○育児看病等のため十分な介護が困難な時がある | 左記以外 |
| | | | 40点 | 40点 | 35点 | 25点 | 15点 | 5点 |

| | | | | | | | |
|---|---|---|---|---|---|---|---|
| その他 | 他の要介護者等の有無 | 20点 | 10点 | 要介護者（3以上）有 | 要介護者（2以下） | 要支援者 | なし |
| | | | | 10点 | 5点 | 3点 | 0点 |
| | 介護協力者の有無 | | 10点 | 協力者なし | 親族以外の協力者有 | 同居以外の親族の協力者有 | 同居親族の協力者有 |
| | | | | 10点 | 5点 | 3点 | 0点 |

（注1）「主たる介護者の状況」で「介護者無」の方は、「その他」欄の「他の要介護者等の有無」は10点で評価する。
（注2）次の施設へ入所（入院）している方で退所（退院）を求められている方は、その施設を退所（退院）した場合を想定して、評価する。

養護老人ホーム、軽費老人ホーム、有料老人ホーム、医療施設、介護保険除外施設、認知症高齢者グループホーム、
介護老人保健施設、介護療養型医療施設

2014年12月12日老高発1212第1号に基づく「名古屋市特別養護老人ホーム優先入所指針」評価基準表より筆者再構成）http://www.kiyosatoen.or.jp/document/yusensisin.Pdf 2015年11月12日

全体の1割を占めるにすぎない。それは、訪問介護員が調理や掃除等の日常生活上のサービスを提供することが、まさに介護における家族と社会サービスの責任分担のあり方を問うからである。政策立案者たちの、高齢者介護における家族責任の後退と、「モラルハザード」が引き起こすことへの強い危機感が表れている。

しかし、介護の現場では生活援助サービスの利用抑制が引き起こす厳しい現実がケアマネージャーたちから報告されている。介護保険法の制定過程で用いられた「介護の社会化」という標語は、「社会全体で介護を支える」という含意とともに、「家族介護の負担軽減を図る」ことも意味していた。しかし、「適正化」に名を借りた強硬な利用抑制策が、サービスの利用抑制や利用者の選抜・切捨てによって、高齢者と家族が1つの単位として自立し支え合うことが求められ、「介護の再家族化」を進展させている（藤崎宏子　2009）。

## 2　「介護保険制度」導入以前

日本の介護保険制度についても多様な意見がある。まず、制度導入前の1900年代には政府側の研究会や審議会を中心としてまとめられた方針に対して、異議申し立てや批判が行われている。

その第1は、公的介護保障システムを公費負担方式ではなく、介護保険方式で実施する方向性に対して、「誰でも、いつでも、どこでも」受けられる、普遍性・権利性・公平性・選択制等を実現できないと指摘するものである。介護の公的保障のあり方は、単に介護制度にとどまらず、21世紀の社会保障のあり方に連動する重要な課題である。社会福祉サービスに、排除原理を伴う社会保険方式を持ち込むことに反対し、社会福祉の理念と原則に立ち返ってあるべき公的介護保障システムについて主張している。

第2は、複数の選択肢や代替案が吟味されないまま「介護保険一辺倒」[3]に傾斜した議論である。第3は、新しい公的介護システムに関する議論自体が不十分である等を問題視している（里見賢治　二木立　伊東敬文　1996）。

里見賢治は、国民の公的介護保障への熱い期待を、公費負担方式による新介護保障システム構築によって実現しようと提案している。高齢者のみならず障害者をも含む「要介護者の自立支援」と、普遍性・権利性・公平性・選択制をその理念として、介護サービスの量的・質的整備を緊急にとするものである。特に、システム構築の財源を社会保険方式で構成することにつ

3　「高齢者介護に関する世論調査」（総理府1995年）「公的介護保険制度」「知っている」13・1%、「知らない」70・5%である。にも拘らずこの中で改めてほかの選択肢はないまま介護保険について説明した時の賛成率は82%。情報不足の中で行われたにも関わらず「介護保険導入賛成82%」と支持率の高さを示す根拠とされた。

いては、市民が社会保険に抱いている幻想や錯覚に依拠していると厳しい。社会保険料が事実上は税に限りなく近いが逆進性が高いとすれば、公平性等への配慮が可能な租税での財源調達を大胆に提起すべきである。日本人は税を嫌うのではなく、何に使われるか使途が不明だから抵抗するという批判が的を射ている。「高齢化社会に備えるため」との名目で導入された消費税が、実際にどの程度そのために使われたのかが不明で不透明であること等、税に対する信頼のなさが要因で、税よりも社会保険料の方が使途が明確との市民の判断を生んでいる。

こうした不信の払拭のための工夫としては、例えば法人税・所得税等の直接税の一定割合を介護保障のための特定財源化する手法がある。所得税等は累進型の応能負担方式であり、法人税では個人所得税負担に見合う企業の負担を制度化できる。また、消費税については、介護保障目的税化することとの検討が必要である。

介護保険論者の多くは、2分の1程度の公費負担を含む介護保険を構想している。しかし、その公費分の財源調達方法は明らかにされていない。

公費負担方式の優位性を認めながら、「責任を持って提起し、実現していく政党は見当たらない」ということから、介護保険方式を次善の選択とする論者に対しては、世論に影響を与え、その転換のために素材を提供すべき立場にある研究者や実践家が、自らの主張や理念の現実可能性がないからと言って、別の選択を擁護することが真摯な態度であろうかと疑問を投げかけている。

二木立（1996）は、ドイツの介護保険がモデルとされているが、「福祉サービスが貧しい」、始まったばかりでまだ実績も不十分な介護保険のみが注目されることや、北欧諸国特にデンマークの公費負担方式による優れた老人のケアシステムに学ばないことに疑問を呈している。

さらに、公費負担方式を支持しながらも、実現可能性がほとんどないことから、リアリストとして社会保険方式の弊害を軽減し、社会的にいちばん弱い人々が不利な扱いを受けないように提案している。まず、公的介護保険制度は厚生省の①福祉政策の破綻（伝統的家族介護依存政策、民間活力導入政策、私的介護保険の育成政策の破綻）、②医療政策の破綻（「福祉の医療化政策」本来福祉として扱うべきものを医療に転嫁し代替してきた政策の破綻）、③財源調達方式の転換（細川内閣での国民福祉税構想がとん挫、消費税率の引き上げが7％でなく5％にとどまったため、税率が下がった分を保険料に置き換えて福祉の費用をまかなう）という政策・路線の破綻から生まれたとの前提を提示する。

そのうえで、①無保険者が発生しない制度的仕組みを導入する。（保険料を所得に応じた定率負担にしたり、低所得者の範囲を現行規定より大幅拡大すること等）②サービス受給対象者を高齢者だけでなく高齢者以外の障害者を含む。（既存の在宅ケアにおいては年齢制限が撤廃されているが、若い障害者の強い権利意識による保険料の給付・運用面で質の向上が期待できる。また〈現役世代〉の保険料拠出意欲も高まる）③低所得者の利用抑制をしないように、利用料はできるだけ低く設定する。（並行して自己負担の上限額を設ける）④重度、一人暮らしで介護が必要な対象者に、24時間対応を基本として在宅サービス給付を明記する。（ケアマネジメントで必要と判断されたサービスは、家事援助から24時間対応の在宅サービスまで、上限なしに給付する。身体介護だけでなく虚弱老人に対する家事援助サービスも給付の対象とする）⑤在宅介護の給付を先行し、高齢者ケアの「一元化」や「一元的運用」は、関係者や・国民の完全な合意が得られるまで先送りする。（医療費抑制のためではなく、高齢者の施設ケアの質の向上のために行う）、以上５つの提言をしている。

伊東敬文（１９９５）は、デンマーク（公費負担方式）とドイツ（社会保険方式）の介護制度を比較検討して、保険制度が最悪の選択であると断言する。そのうえで日本における介護制度充実のためには、財源は消費税とし、事業主体は市町村で完全分権、事業内容はさしあたり１９９４年に全市町村が提出した老人保健福祉計画の実施としている。

具体的には、例えば、消費税１％を介護対策特別交付税等という形で一般財源とは別に交付する。公布の基準は高齢者数に一定額を乗ずる。１％の消費税は約２兆円余だから、65歳以上１７００万人で割ると、一人当たり11万円余であり、これを市町村に直接分配する。大蔵省は、消費税１％に関しては、減税分の財源補給等他の目的には使わず、ガラス張りにして市民に再分配して返すのである。伊東が保健福祉の町づくり懇話会会長をしている島根県益田市、人口５万人高齢化率20％で65歳以上１万人であれば、年間11億円の予算となる。10年間で１１０億円である。措置費は一切なくし、介護関係事業は、企画・運営・財政のすべてを市町村業務にして分権化を行う。権限と責任の所在が明確になり、市町村が財政的に平等に競争ができる。もちろん、市町村間の貧富の差を小さくする財政調整のための税制改革や地方財政改革が必要となるであろう。国や県は、優れた事業展開をする自治体の介護行政を分析し、ほかの自治体の参考になるような資料の作成や人材育成事業等に徹すればよい。介護保険一辺倒ではなく、それぞれの構想のメリット、デメリットをもっと国民に分かるかたちで提示し、国民が選べる状況をつくるべきだと、官僚主導に対して異議を申し立てている。

大友信勝（1999）も、介護保険導入にあたって問題提起している。想定されている利用者像は、65歳以上の高齢者で1世帯の平均年収が300万円くらいとの統計をもとに議論がされている。しかし、最も多い利用者は80歳以上で女性が多く、これらの方々は年金制度の狭間におられるために年金額が低く保険料支払いが困難になる。生活保護を受けている人が介護扶助で対応されることになるが、日本の場合生活保護は所得調査だけではなく、資産調査と扶養義務の調査があり、それはエアコンを持っているといったことで保護廃止になるような制度で、裁量権や実施要領等の改善が必要である。

また、サービスも提供事業者に営利型の企業が参入してくるが、非営利型事業者がサービス提供を担うことで、サービスの標準或いは基準を作り出し、サービスの質をコントロールすることも重要であろうと述べている。

特に、介護保険の問題を通して、安心して人間らしく暮らせる地域を市民参加で作り上げる機会ととらえている。老人保健福祉計画には各団体の長しか入れられなかったが、市民団体の代表や公募委員を一定数入れること。委員会は必ず公開で開催し、傍聴者の発言も決定権はなくとも認めさせる。計画策定においては、公聴会や座談会等を組み、調査と合わせて、利用者や市民の意見を反映する仕組みを保障させることを提案している。[4]

介護保険が提言された背景や、難解な介護保険法案の内容を具体例をあげながら、わかりやすく解説し、導入されようとしている介護保険制度の実像と問題点を明らかにして、改善案と代替案を提案しているのは伊藤周平である。

社会保険方式のもとで保障される権利とは、保険料を支払った人にのみ適用される商品経済的な権利に過ぎない。保険料を支払えなかった人への「排除原理」を有しているし、労働集約的介護サービスは利潤が上がりにくいので市場での調達には限界があり整備にばらつきが出る。国会に提出されている介護保険法案には問題が多すぎて、掲げている崇高な理念や基本的目標を達成することは不可能であると明言している。改善案と代替案を提示してはいるが、介

4　この内容は、1998年9月に、愛知・岐阜・三重の東海3県広域的な実行委員会主催で開催された、「第17回高齢社会をよくする女性の会全国大会」「日本の真ん中で考える高齢社会―私のこと?ひとのこと?社会のこと?」分科会の記録である。大友氏は21世紀のまちづくりのモデルを介護保険から始めようと、参加者に熱く語った。

護保険制度を社会保障のリストラの第1歩に位置付けている政府や厚生省が改善を行うとは思えない。したがって大幅な改革が必要な今提出されている法案は廃案とし、公費負担方式での介護保障にするべき、が主な論点である。

現在の措置制度が抱えている問題は、措置制度に対して十分な財源が確保されず、サービスが不足しているために生じた問題である。

財源としては、福祉目的税の創設、実施主体は市町村とし、ケアマネージャーの判断でサービス内容を決定する等、手続き・運営等に要する人員は必要最小限度にする。財源については、さらに、大企業優遇税制の改善や、公共事業による財政赤字が福祉予算を圧迫している点の軌道修正を挙げている。

これらを実現するには、自ら福祉予算を立案し、提示していける力量を持つ市民による政策立案集団の育成、形成が必要である、とともに、日本の福祉政策の決定過程の民主化、利益集団的な政治の変革が展望を切り開くと結ぶ（伊藤周平　1997）。

多くの問題を抱える介護保険制度であるが、制度の導入で財源が確保でき、サービスを創っていけると前向きにとらえる現場の声もある。全国的にも珍しい全室個室の自由契約型特別養護老人ホームを創設した石原美智子は、厚生省のモデル事業ではあっても補助金が出ないため、特養建設のために4億円の借り入れをしている。初期投資だけではなく運用のためのコストも合わせると1か月の利用料は36～38万円、全額利用者の負担となる。

在宅介護支援も24時間365日在宅でホームヘルプ事業が回転するよう、有限会社「新生メディカル」でホームヘルパー養成事業を始め、サービス提供も1時間1、500円の利用料で開始している。さらに「サービスあって利用なし」状態を体験しているので、介護保険制度が導入されれば、利用が増加するのではないかと期待を寄せている。そして、介護の専門性や質の向上も確立されると肯定的にとらえている。

しかし他方で、介護保険制度がホームヘルパーを軽視していると危惧も抱いている。低い介護報酬、移動時間が認められない、24時間巡回型サービスの深夜は危険回避のため2人で入る必要がある等、現場ならではの指摘をしている。これらは2015年現在の深刻な介護職員不足の課題とも重なり、制度導入時から存在する課題が解決されないままに今日に至っていることを明示している（石原美智子　1999）。

## 3　ドイツ「介護保険法」との比較

「介護保険法」はドイツの「介護保険法」をお手本にしていると言われている。しかし、名称は同じでも内容は介護を必要とする人々のためにというよりは、政治・経済の諸事情による日本型「介護の社会化」へと変更が加えられていく。

20年以上の議論と段階的改革の末に成立したドイツ「介護保険法」(Pflege-versicherungsgesetz vom26.mai1994.bgb1.i.S.1014)は新たな5番目の社会保険として1994年社会法典第11篇に収められた。ドイツと比べ、日本の「介護保険法」の制度化過程は僅か数年の短期間に、国民レベルでのオープンな議論を展開することなく、官僚主義的手法で道筋をつけ、政治的駆け引きで内容が突然変更されたりしている。こうした現状は、国民の不信感を深まらせるばかりである。目先の負担軽減や利益ばかりを強調せず、高齢社会を迎えるにあたり長期展望に立ったごまかしのない設計図を示すべきであろう(本沢巳代子　1996)。[5]

筆者が「介護保険法」におけるドイツと日本との相違点で重要と考えるのは、その対象規定と、介護者のための給付と、社会扶助との関係の3点である。

1点目の対象規定では、ドイツの介護保険に強制加入する被保険者は、疾病保険の被保険者であるが、さらに被扶養家族も被用者や有給で職業訓練を受けている者、施設や作業所で収入を得ている障害者、学生や年金受給者等と幅広く網羅されている。もちろん収入が少ない者

5　本沢巳代子は、ドイツ社会保障法研究のため、1984年から2年間ドイツに滞在、さらに社会民主党から連邦議会に介護保険法案が提出されてからは、再度1年間滞在する等して、立法経過や論点を直接調査、同法成立後も保険者や社会扶助担当者へのインタヴュー調査を行っている。文献執筆時は、日本においては老人保健福祉審議会の最終報告や、介護保険制度試案、修正試案、大綱等が公表されており、それらをもとに比較検討を行っている。

は、保険料の支払いが免除されている。給付は、高齢者ばかりではなく障害児や障害者、医療よりも介護をより多く必要とする難病患者やエイズの末期患者等である。日本では、被保険者は40歳以上、給付は65歳以上を原則としているため、高齢者のためだけの制度となり、広く介護が必要な人を保障する制度にはなり得ていない。

2点目の介護者のための給付でいえば、ドイツの公的介護保険は、要介護者のための介護保障の改善のみを目的としているのではない。無償で介護に従事する家族やボランティアの社会保障上の地位を改善すること、それにより在宅介護を推進することをも目的としている。在宅介護の推進を利用抑制に求める日本と大きく異なる点でもある。ここでいう介護者とは、要介護者を職業的にではなく、週14時間以上在宅介護している者を指す。在宅介護の場合における金銭給付は、介護家族に対する手当として支給されるのではなく、要介護者に対する保険給付として要介護者に金銭で支払われる。介護金庫[6]は家族介護が適切かどうかを判断する必要があり、現物給付の場合と同様に介護給付の質を保証しなければならない。

改善点は、給付を介護金庫に対して直接請求できるだけでなく、介護者のための社会保障上の地位の確立と介護技術獲得の保障をも規定したことである。例えば労働災害・通勤災害・

6 介護金庫は、保険料徴収や保険給付の提供責任を負い、法的疾病保険の保険者である8つの疾病金庫（地域疾病金庫・職員補充疾病金庫等）にそれぞれ新設された。定款に従い自主管理される公法人である。

職業病の際の保護として人的被害の補償をあてる災害保険の保護を、介護保険法は介護者に拡大した。年金に関しては、介護者の介護期間を育児期間の場合と同様に強制加入期間として取り扱い、その間の保険料は被保険者である介護者と介護金庫が2分の1ずつ負担することとした。失業保険では所得活動に戻るための経過手当、介護従事者のための失業手当ないし失業扶助の継続支払いが介護者に保障される。介護の質を保証するためには、無料介護講習を行う。それは、要介護者の在宅介護の場での出張指導も含む。対象者は、週14時間未満しか介護していない者にも拡大されている。

こうした介護者のための固有の社会保険給付が認められたことは、介護家族やボランティアの介護労働の価値が、所得活動と同等の労働として社会的に認知されたことを意味する。そしてそれは専門職としての介護労働の地位も向上させるのである。

3点目の社会扶助との関係では、介護保険の介護等級はかなり要介護状態の重いケースだけを対象に定められているうえに、保険給付はすべての介護ニーズを満たすものではない。介護等級Iの要介護者が、必要な介護サービスを利用すると1か月1、200マルク（84、000円）[7]程度の費用がかかるのが一般的であるが、現物給付の限度額750マルク（52、500円）

7　外国為替相場によればドイツマルクは、1994年は64・37円であった。90年代後半の平均を筆者は約70円と換算した。

では約60％しかカバーされない。介護等級Ⅱでは30～40％、最重度の介護等級Ⅲでは1か月2０、０００マルク（1、４００、０００円）かかるとも言われ、給付はそのうち12～47％と予想されている。支給限度額を超える部分は自己負担となり、支払い能力がない場合は介護扶助の給付を受けることとなる。この場合介護扶助を受けるには、介護金庫等により扶助を受けるか、民間介護保険で補充するといった方法がある。介護付加保険の給付に関しては、介護等級がそのまま適用される。介護手当保険では実際にかかった費用とは無関係に、契約に従った日額の手当が支払われる。介護費用保険の場合には公的または民間の介護保険給付が優先し、カバーされなかった部分が支払われる。ただし補償額の上限が決められていることが多い。付加保険料は年間３６０マルク（２５、２００円）まで所得税法上控除されることとなった。（本沢巳代子１９９６：48－78）

本沢は、日本の介護保険構想に対する課題を提示している。ヨーロッパ諸国では、育児や介護は、男女が共に担うべき家族的責任であること、後世代の育成や先輩世代に対する社会的責任の全うといった社会的意義を有する労務であること、これらを家族が引き受けることにより多額の育児・介護費用が節約されていることが、社会的に認識され、正当に評価されて、新たな法制度の創設や法改正が次々に行われてきた。

しかし、我が国では市町村主体の福祉サービスが北欧やドイツのようには発展しなかった。

その理由は、戦後経済の高度成長期に経済政策最優先の中央集権的政策をとり、地方自治体の中央追随型体質を固定化させ、通達行政により市町村をがんじがらめにするとともに、福祉等の非生産的部門をおろそかにして救貧的なものに限定してきたからである。さらに、生産効率・経済効率のため人口の都市集中を促進し、市町村民の数や年齢構成の地域間格差問題を深刻化させておきながら、老人介護は家族の私的問題であるとして真剣に取り組んでこなかった。

「嫁」に介護を押し付けてきた我が国の状態を改善したいなら、ドイツの介護家族に対する保険給付としての社会保障のあり方を正面から取り上げるべきであった。それは、単に社会保障分野における「嫁」の介護の評価にとどまらず、「嫁」の介護が被用者の所得活動と同等の法的価値を受け得ることになる。要介護者が死亡した場合、遺言の有無にかかわらず、使用者である要介護者が支払っていない労働報酬は、遺産債権として遺産から控除され、「嫁」の介護はタダでも当たり前でもなくなるのである。同様に、ボランティアの介護を社会的に評価することにもなる。介護の知識や技術の普及啓発だけではなく、労働を正当に評価するためにドイツの例を参考に介護家族やボランティアに対する保険給付としてその社会的保障のあり方を検討すべきである。老人介護や障害児・者の介護を考えるとき、家族介護も社会的介護もどちらが優先するとか劣後するとかの問題ではなく、どちらも必要な車の両輪である。厚生省の試案や大綱では、費用削減を優先するあまり日本の「介護保険」は耐久性のない欠陥品となりそうである。国民は新しい車輪の費用を本当に出し渋っているのだろうか、どのような車輪にするのか具体的に見えないから戸惑っているだけではないかとの指摘は、財源不足を理由に改正（改悪）を繰り返す現在の「介護保険制度」を的確に予見している（本沢巳代子　１９９６）。

## ４　ジェンダー間格差と国家政策

ジェンダー（gender）とは、生物学的な性別（sex）に対して、社会的・文化的・歴史的につくられる性別のことを指している。世の中の男性と女性の役割の違いによって生まれる性差のことである。

ジェンダーギャップとは、男女の違いで生じている格差や観念により生み出された不平等のことを言う。ジェンダーギャップは社会の制度や習慣などさまざまな分野に根強く残っており、この問題の解決は日本だけでなく世界的にも重要度の高い課題である。

世界経済フォーラム（World Economic Forum：ＷＥＦ）が２０２１年３月、「The Global Gender Gap Report 2021」を公表したが、日本は１２０位であった（表３　２０２３年の発表では１４６ヶ国中１２５位で、先進国の中では最低レベル、Ｇ７中最下位であった）。

安川悦子（２０００）は、「労働者『家族』は、資本主義経済においては、労働力（商品）の再生産システムとしてきわめて重要な機能を果たしてきた。しかしそれは『母性』を編成原理とする『女性の領域』だとされて経済学の分析対象からはずされ、あるいは無視されてきた。現代フェミニズムはなによりも第一に、この無視に対して異議申立てをおこない、それを可視化することを提起し、そして第二に、それを解体することを要求した」と述べている。

竹中恵美子（２００１）は、何故無償労働の担い手が、男性ではなく女性になったのか、について「一つは、機械制大工業がひらいた工場体制の確立―家族を生産単位から消費単位へ転換し、母性機能を持つがゆえの女性の生産労働機能の剥奪（家父長制イデオロギーとの結合）―であり二つは資本の効率の原理の支配である」と説明している。さらに竹中は、「日本の雇用平等政策において決定的に欠落していたのは、

表３　ジェンダーギャップ指数（2021 年）
上位国及び主な国の順位

| 順位 | 国名 | 値 | 前年値 | 前年からの順位変動 |
|---|---|---|---|---|
| 1 | アイスランド | 0.892 | 0.877 | ― |
| 2 | フィンランド | 0.861 | 0.832 | 1 |
| 3 | ノルウェー | 0.849 | 0.842 | -1 |
| 4 | ニュージーランド | 0.84 | 0.799 | 2 |
| 5 | スウェーデン | 0.823 | 0.82 | -1 |
| 6 | ナムビア | 0.809 | 0.784 | 6 |
| 11 | ドイツ | 0.796 | 0.787 | -1 |
| 16 | フランス | 0.784 | 0.781 | -1 |
| 23 | 英国 | 0.775 | 0.767 | -2 |
| 24 | カナダ | 0.772 | 0.772 | -5 |
| 30 | 米国 | 0.763 | 0.724 | 23 |
| 63 | イタリア | 0.721 | 0.707 | 13 |
| 79 | タイ | 0.71 | 0.708 | -4 |
| 81 | ロシア | 0.708 | 0.706 | ― |
| 87 | ベトナム | 0.701 | 0.7 | ― |
| 101 | インドネシア | 0.688 | 0.7 | -16 |
| 102 | 韓国 | 0.687 | 0.672 | 6 |
| 107 | 中国 | 0.682 | 0.676 | -1 |
| 119 | アンゴラ | 0.657 | 0.66 | -1 |
| 120 | 日本 | 0.656 | 0.652 | 1 |
| 121 | シエラレオネ | 0.655 | 0.668 | -10 |

出典：世界経済フォーラム（World Economic Forum：WEF）2021 年 3 月、「The Global Gender Gap Report 2021」より筆者作成

機会の平等の不徹底さもさることながら、ＰＷ（筆者注：有償労働 paid work）とＵＷ（同：無償労働 unpaid work）の構造的調整政策を持たなかったことである」と述べた上で、ジェンダー中立的な社会保障制度の見直し、２００６年1月から原則廃止された配偶者特別控除や、基礎年金第3号被保険者制度の改革案等も、「世帯」から「個人」への見直しなどが打ち出されてはいるが、基本方針にとどまり具体化されていないと手厳しく批判している。

服部良子（２００１）は、「家族と婚姻を前提とする世帯経済単位を制度として認知し、それによってすべての国民のナショナルミニマムを保障するのを可能にしたのが福祉国家である。結果として、世帯経済における女性の家事労働と男性の賃労働のジェンダー分業が福祉国家に組み込まれた」と指摘している。

深澤和子（２００２）は、フェミニストたちによる福祉国家研究のジェンダー分析を発展させる契機となったのは、「男性＝稼得者／女性＝被扶養の家族世話係」という性別役割分業化されたジェンダー関係の発見であり、それが福祉国家の諸制度の基礎に据えられることによって現実のジェンダー間格差が生み出されているとしている。

介護労働の対価が安い理由について上野千鶴子（２００９）は、「ケアの値段」が安い理由を1経済外的な報酬があるから安くてよい　2非熟練職だから　3ジェンダー要因　4労働力予備軍と指摘している。

しかし、労働に生きがいややりがいがあるから、賃金が安くてもよいということにはならない。対人サービス的な業務で、達成感と手応えが非常に高く、かつ高賃金で安定した職業は医者や弁護士や教師等多くあると例示している。女なら誰でもできる事という信念は強く、既婚非婚を問わず、女性の労働力については、使用者が労働力再生産費用の責任を持たなくてもよい労働力だと考えられてきたことを挙げて批判している。

男性介護者の増加については、津止正敏（2007）の報告がある。男性による介護の現実は、夫婦間・親子間ともに老老介護という現象であり、放置すれば介護者―被介護者共倒れを予感させる実態である。さらに、親子介護では長男の嫁ではなく「長男が老親を看取る」実子化傾向が強まり、親の介護と仕事・家計の折り合いに息子たちは悩んでいる。責任感の大きさと「弱みを人に見せない」という「男らしさ」の規範は、非合理性・非効率性・受動性を特徴とする介護によってそのジェンダー・アイデンティティを揺さぶられストレスを誰にも相談できず、すべてを抱え込んでしまう。

春日キスヨ（1992）も、「男性稼ぎ主モデル」で制度化された社会では、ケア能力の不足と男性の「孤立性」、男性性と「暴力」というジェンダー要因が絡まって、「小規模化し孤立・閉塞した家族空間の中で介護者の怒りや絶望は暴力として、そして、無気力・無関心はネグレクトという形で要介護者に向かい、家族が家族成員の生存を脅かすリスク源となる関係がより容易につくられやすい」と危惧している。

戦後日本の労働組合運動は、仕事と処遇におけるジェンダー差別の撤廃が達成できなかった。女性差別撤廃を唱えてはきたが、その賃金論は年齢給モデル、年功賃金の擁護であり、それは年齢ごとの「男の責任」に応じた必要生計費に設定され、女性の昇給線が早々に停滞すること等については、長らく深刻に考えることはなかった。

男女雇用機会均等法の時代に入っても、1980年代半ばはすでに日本的能力主義管理が定着していたため、労働者は「労働態様の変化に適応できる柔軟性＋それを可能にする」「生活態度としての能力」をもとめられるため、男性が総合職、女性が一般職あるいはパートタイム等の非正規雇用という性別職務分離が生まれ、「新性別役割分業」モデルが立ち上がることとなったと熊沢誠（2013）は指摘する。

筆者は、「介護労働」におけるジェンダー差別の解消には、ユニオンによる同一価値労働同一賃金の闘いが有効と考えている。

山田和代（2010）は、看護師、施設介護職員、ホームヘルパー、診療放射線技師の4職種について、「知識・技能」「責任」「負担」「労働環境」の職務評価ファクターとレベルに基づいて評価し、点数化して仕事の価値を計り分析を試みている。さらにそれらの調査結果を基に「同一価値労働同一賃金」原則に基づく是正賃金を算出している。

看護師と比較してではあるが、施設介護職員と特に非正規雇用のホームヘルパーが同等に近い高い価値の仕事をしていても、処遇は低いことが検証された。

さらに大槻奈巳（2010）の調査によれば、施設介護職員の賃金は、男女同じ基準が適応されており、一般には男女による賃金格差はないと考えられているが、明確な格差が存在することを論証している。

役職についている者は男性が女性より圧倒的に多く、役職手当により賃金格差が生じている。夜勤以外に当直がある場合、夜勤は性別にかかわらず行うが、当直業務は男性が行う傾向が強く当直手当によっても差がついている。まずは、女性が役職に就ける道筋をつくることが課題であると大槻は指摘する。また、ホームヘルパー非正規・女との比較では是正比率24・3％であり格差が著しい。

筆者は施設介護正規・女も、ホームヘルパー非正規・女もともに、家族責任との兼ね合いも考慮した、アファーマティブ・アクションを取り入れる必要があると考える。

## 5　制度・政策過程についての分析

増田雅暢（2003）は、「政策過程」を政府または与党が政策を立案し決定する過程の全体とし、

「政策形成過程」を政府または与党が各省庁が作成する政策案を検討する過程、「政策決定過程」を政策として決定する過程と表現している。

介護保険制度の検討業務を担当する「厚生省高齢者介護対策本部事務局」の専任スタッフであった増田は、省庁内部の視点から介護保険の政策過程の解説や分析を試みている。介護保険制度が、政府や与党内においてどのような過程を経て検討され、その内容が決定されたのかという政策過程を分析しながら、今後の制度見直しの論点と具体的な対応策を提言しようと試みている。

2003年は、制度施行3年を経て介護報酬の改正が済み、同法附則の規定により施行後5年を目途とする法制度全般の見直しが始まっているという時点での分析と提言である。介護保険制度の政策過程の特徴としては、それまでの自由民主党単独政権下の省庁主導型政策過程の特徴と限界が如実に表れたとしている。

自由民主党・日本社会党・新党さきがけの連立政権下では、厚生省内にプロジェクトチームを設置し、私的懇談会を経て、正式な審議会での議論と意見のとりまとめという従来の定石、厚生省主導型では合意形成に限界がみられ、初めて本格的に与党国会議員の主導権が発揮された。

老人保健福祉審議会では14か月約50回に及ぶ会議を行ったが、26名の委員が出身団体の意見を反映することが中心となり、結局最終報告に両論・多論併記の部分が多く存在し、審議会における合意形成には限界がみられた。

また、市町村保険者論に反発する地方団体に対する厚生省による調整も功を奏することがなかった。これには与党合意後、与党政策合意会議が「介護保険制度の創設に関するワーキングチーム」〈与党政策調整会議座長等18人で構成〉を設置して調整を行った。具体的には、福岡市、横浜市、札幌市、神戸市、高知市、山形市の全国6カ所で公聴会を開催、各地域の市町村長、医師会や看護協会、福祉団体、経営者団体、労働組合、研究者、要介護高齢者家族の会等が出席した。それらの意見を整理した論点メモに従い、その後なされた与党修正の主な内容は、市町村の財政的・事務的負担の軽減措置と施行時期の調整である。要介護認定事務にかかる経費の2分の1を国が負担すること、都道府県は財政安定化基金を設置すること、市町村の事務運営を支援し、保険者事務の広域化を促進すること等が盛り込まれた。公聴会で賛成論が多かった家族介護に対する現金給付は、介護基盤整備への資金投入を優先し、当面行わないが、家族介護に対する適切な評価と支援を行う観点から、ショートステイ利用枠の拡大等家族介護に対する在宅サービスの重点的提供を行うこととなった。

検討経緯では、3期の時期区分を行っている。「草創期」（1994年3月〜同年12月頃）では、厚生省主導による新たな高齢者介護システム構築の必要性に関する世論喚起を行っている。「検討期」（１９９５年２月〜１９９６年４月頃）では、老人保健福祉審議会の３回の報告とともに、関係団体からも意見表明や研究会が活発に行われた。なお１９９５年７月の社会保障制度審議会が村山首相に提出した勧告の中で、「今後増大する介護サービスのニーズに対し安定的に適切な介護サービスを供給していくためには、基盤整備は一般税源に依存するにしても、制度の運用に要する財源は主として保険料に依存する公的介護保険を基盤にするべきである」と明確に提言したことにより、社会保険方式か公費負担方式かの議論に決着がついた形とされた。「制度案確定期」（１９９６年５月〜同年11月）老人保健福祉審議会の最終報告から介護保険法案が国会提出に至るまでの時期である。

この時期は、審議会で整理がつかなかった保険制度の仕組みをめぐり政治の場を中心として調整が行われた時期でもある。１９９６年６月に法案の国会提出が見送られたのは、介護保険者とされた市町村関係者の反発の強さが原因であった。

政策過程から見た今後の課題としては、制度の利害関係者の広がりが大きい状況下では、実現可能な制度内容に落ち着かざるを得ないという点である。

公費方式か社会保険方式かについても、当初は意見が対立していた。しかし、経済不況等による税収落ち込みの影響を直接受けて財源が不安定となることや、消費税引き上げ等の増税策の実施が極めて困難であることから、社会保険方式を採用した。にも拘らず、すべてを保険料財源で賄うドイツの介護保険とは異なり、公費及び保険料各2分の1ずつという折衷方式となったのである。

また、1999年11月の特別対策の前提となった与党3党の申し入れの第1に、保険料負担の徴収猶予の事項が上がっており、そのため2000年10月からの保険料半額徴収の開始、2001年10月からの保険料全額徴収の開始が第1号被保険者（65歳以上の高齢者）に対して行われた。これらは高齢者の社会保険料負担に対する与党の消極的姿勢の表れであった。

こうした分析を踏まえたうえで、さらに増田は介護保険制度見直しの課題として10項目の論点を挙げている。

① 社会保険方式の意義
② 被保険者の範囲
③ 第2号被保険者の保険給付問題
④ 若年障害者の介護保険適用問題
⑤ 在宅介護の拡充方策
⑥ 家族介護の評価
⑦ 施設体系の見直し
⑧ 介護サービスの質の向上と介護予防の充実

⑨　低所得者対策
⑩　社会保障の総合調整
である。
以下に各論点を検証してみる。
①の社会保険方式の意義再確認については、消費税の福祉目的税化や、基礎年金、高齢者医療、高齢者介護の財源として消費税による税方式への切り替えを自由民主党が主張する等、法制定後も引き続き政治の場で論じられている。導入時の特別対策、高齢者の保険料負担の徴収猶予にみられたような、与党の高齢者の保険料負担が増大することに対する消極的な態度から、見直しを機に議論が再燃することを懸念しての再確認である。
「介護保険制度」は、社会保険方式といっても、「租税と社会保険料の混合方式」である。施行後3年を経過して、文字通り「利用者本位の仕組み」になっているのか、サービス選択の保証や権利擁護が十分か、介護サービスの質の向上は、低所得者の介護サービス利用を費用負担の関係から制限していないか等、検討すべき課題があることを増田は認めている。それでも、相対的にみて介護サービスの利用拡大や在宅サービスにおける多様な事業主体の参入、国の租税収入が減少している厳しい財政状況の中で介護保険財政が拡大している等を、社会保険方式のメリットとして挙げている。

しかし、社会保険方式を採用した利点として、保険給付が増大するときには保険料水準も上昇することを当然としているが、現在すでにそれは破たんしており、現実には保険給付は減少し保険料が上昇している。

②被保険者の範囲、及び④の若年障害者の介護保険適用問題については、40歳以上を被保険者としたこと、政令で定める15の特定疾病以外は65歳以上の第1号被保険者への保険給付として若年障害者を排除したことは、年齢及び障害の種別による差別を行ったことと筆者は考える。

二木立(1996)は、「総合的な障害者施策」から「介護サービスを取り出して社会保険の対象にする」ことは不適当だとするのが厚生省の建前であった。しかし、本音は「高齢者以外の障害者」のうち、介護を要する障害者の大半は低所得者で、保険料を徴収できない。さらに、精神病院に長期間入院している高齢者以外の大量の精神障碍者の「社会的入院の是正」と「在宅(地域)ケアの推進」を行う義務が生じる。部分的にしろ家族介護に依存できる高齢者とは異なり、精神障害者の地域ケアを家族介護に依存することは不可能なため、公的費用が急騰する。つまり公的介護保険から「高齢者以外の障害者」を排除する最大の理由は財政的理由であったと指摘する。

障害者福祉では、支援費制度が導入されたが、2003年1月、厚生労働省が支援費制度の運用のために訪問介護の国庫補助金の配分基準を設定しようとしたときに、障害者団体が配分基準はサービス利用の「上限」となり従来の利用が制約を受けると反対運動を起こした。その結果、配分基準は設定するが個人の利用時間の上限ではないこと、交付基準は利用状況を踏まえて見直すこと、障害者が参加する検討会を設けて見直しを話し合う等の譲歩を勝ちとっている。

筆者は、こうしたもの言う障害者が介護保険制度の対象となることで、介護保険制度や、運用やサービスが改善されていくことを期待している。

その他にも、

③の第2号被保険者の保険給付については、保険料を負担しているにもかかわらず、介護保険の財政運営に対して意見を述べる機会や場が殆どないことを指摘。制度の「谷間」で苦しむ中高年者の介護問題の存在に対しても、保険給付の適用範囲を限定しないで、第1号被保険者と同等にするべきである。

⑤の在宅介護の拡充方策については、介護保険制度の基本目標の一つは「在宅介護の重視」であったにもかかわらず、施設サービス志向が顕著となっている。その理由として、入所手続きが簡便になったこと、施設入所の方が経済的に有利であること、在宅における家族の介護負担が重いこと、在宅生活を支える仕組みが不十分であること等を挙げて、それぞれの問題に対して改善提案をしている。

上記の問題とも重なるが、⑥の家族介護の評価については、介護労働を社会的に認めることにより、介護手当の支給を挙げている。

制度検討段階における重要な論点の一つであったただけではなく、1996年9月の与党「介護保険法案要綱案に係る修正事項」では、「現金給付については当面行わないこととし、介護基盤整備への資金投入を優先することとするが、家族介護に対する適切な評価と支援をおこなう観点から、ショートステイ利用枠の拡大等家族に対する在宅サービスの重点提供を行う」とされ、現物給付主体で設計された介護保険制度ではあるが、家族介護に対する現金給付が全否定されているわけではなく、将来の検討課題となっている。

⑦施設体系の見直しは、まず介護保険3施設の機能区分が不分明であることの解消であろう。介護老人福祉施設（特別養護老人ホーム）、介護老人保健施設、介護療養型医療施設（療養病床）は、各々老人福祉法、介護保険法、医療法と根拠法が異なり、したがって対象者像や施設基準・専門職等職員配置基準等も異なっている。

しかし介護保険制度導入により、各施設間の機能に違いがさほど見られない現実が論点として浮上してきている。少なくとも生活介護型（日常生活を送りつつ介護を受ける）と医療介護型（医療的対応が多い身体介護サービスが中心）に2分する提案には賛同する。

他にも多様な高齢者の住まいの登場に対しては、高齢者の住まい方の価値観の多様化にこたえ、選択の幅を広げるものであると肯定的である。しかし、反面多様化は、介護保険の給付に当たり、被保険者間の公平性の観点から問題があると指摘してもいる。グループホームやケアハウス等を「在宅サービス」と位置付けている概念区分の見直しと同時に、介護報酬の設定方法も、ホテルコストや上乗せサービス等について、柔軟な介護報酬と利用者負担による対応ができないかと疑問を呈している。これには、応能負担ではなく、応益負担が原則であれば、必要でも利用料が支払えなくてサービス利用を控えざるを得ない所得層の出現への対策も講じる必要があると筆者は考える。

⑧介護サービスの質の向上と介護予防の充実に関しては、「介護事業法」といった特別法制定で、介護サービス提供者やサービス内容、利用契約、利用者保護に関する規定を盛り込む必要性を述べている。

その中には、介護サービスの従事者に対する適切な処遇の確保も盛り込み、介護サービスの質の向上には、安心して業務に専念できる賃金や労働条件が基本であると述べている。これには賛同するが、これまで必要であると述べるだけで、実質的な予算等具体的な施策が提示されないことが問題ではある。

介護予防については、1999年10月から特別対策「介護予防・生活支援事業」（2003年度からは「介護予防・地域支え合い事業」と改称）が創設された。もちろん筋力トレーニング等も重要であるが、筆者は、ホームヘルパーによる日常生活支援や社会参加への支援が保険給付として高く評価されることの必要性も指摘しておきたい。

⑨の低所得者対策は、制度検討時からの課題であった。多様な負担軽減措置が講じられており、サービス利用量の増大を見ると、利用料負担が重くなったために利用量を減らした人は少数であると断じているが、果たしてそうであろうか。公的年金に依存する低年金額、或いは無年金の高齢者の困窮は救済されていない。特に女性が高齢・単身・低所得の要介護状態になった場合等、生活実態に即した介護サービスの提供方法や給付のあり方を検討するべきである。

増田はさらに、市町村民税非課税世帯の高齢者の貯蓄や不動産等の資産を活用した社会保障の負担方法の構築を考えるべきと提言している。

⑩社会保障の総合調整では、介護保険ばかりでなく医療保険制度や年金制度も含めた総合調整という視点を持つべきであると指摘する。社会保険間の重複給付の調整や、医療制度においても抜本的見直しが進行中であるが、いずれも財源難、制度の持続可能性が基本にあり、利用者本位の見直しとなっていない。

最後に家族介護評価については、介護保険制度の検討過程初期においては、介護手当が制度化される可能性があった。しかし、反対論が優勢になり、特に女性の学識経験者の反対が強かった印象があり介護手当が創設されなかったと考えられている。筆者も、当時署名運動等をして反対の意思表示をしていた。しかし、増田は、社会保障の政策決定の主たるアクターは厚生官僚を中心とした中央省庁の官僚、日本医師会等の政治力を有する関係団体、自民党を中心とする政権与党であり、審査会委員の意見が介護手当の制度化を否定したとするのは過大評価であると述べている。

そのうえで介護手当の制度化が必要であるとの立場から、当時の議論が情緒的なレベルや財政的視点や事業者からの発想にとどまり、社会保険における保険給付の意義、被保険者の立場からの議論や家庭内の介護労働への評価という観点からの議論の不足を明確にしている（増田２００３）。

介護は女性の役割とされている現状への反対を表明すべき介護保険制度導入時から15年を経て、男性介護者の増加、男女を問わない介護離職といった社会問題への対応策としても、筆者は介護手当の支給制度創設を提言したい。

２０１２年改正を目前に介護保険10年を総括したのは、１９９９年8月に自治体職員と厚生省とが一緒に議論する研究会を立ち上げて、実務的な裏づけにより、政策的な質の向上と円滑な制度導入を図ろうと試みた「介護保険原点の会」である。

当時の厚生省は大蔵省に首根っこを握られているので大蔵省と手を組んで、自治省に「ごめんね」と言ってぶんなぐられながら制度をつくるというのがそれまでのパターンでしたが（堤修三　２０１０）介護保険に関しては珍しく三者の気持ちが一致していたという。

旧自治省の人たちは、市町村中心主義が地方分権の中で出ており「こういう大きな仕事をぜひ市町村にやらせてみたい。やれなければ合併だ」と、市町村規模の拡大、すなわち合併のきっかけにもしたいとの本音があった。

旧大蔵省担当者は、医療費は開けてみないとどうなるかわからなくて、国の予算の付き合い方も本当に大変だ。それに比べると、介護保険の場合には3年ごとに計画を立てるから、費用の見通しを立てやすい。そういう意味で財政当局的にいえばコントロールしやすいというか、予算が付き合いやすい（堤修三　２０１０）と考えていた。しかし、その後2、２００億円の予算抑制が強化され、25％分の国費を抑えるために様々な制度改正が行われたと振り返っている。

本来、住民参加および地方議会による議論を経て、保険料水準を3年間の見通しを立てて決める。そうした自治体のプロセスを尊重して必要な県費も国費も素直に付き合う路線であったはずが、国の予算の抑制が強くなりすぎたことを指摘している。必要な費用に対して保険料も公費もきちんと対応するべきであったが、財政の意識が第一に立ちすぎたとの反省もある。

財政以外の点では、２００５年の改正はいろいろなことを盛り込まれて複雑になり、介護保険の枠組み以外でやるべき内容も盛り込まれた。今までの老人福祉分野が空っぽになって、みな介護保険に移ったという感がある。例えば、ホテルコストの補足給付は一種の低所得者向けであるから本来福祉的要素であり、これに本来の介護財源の1号保険料を入れるべきではなく、公費に付け替えるべきで、その分保険料引き上げの抑制ができる。こうした財政区分の見直しをはじめ、次の改正時には、介護保険と老人福祉の両方を見つめた地域の介護・福祉の全体の体制を見直すことも一つの視点ではないだろうか（堤修三　２０１０）。

結城康博（２０１１）は、２０１０年5月から介護保険法改正案のたたき台を作成するため社会保障審議会臨時委員を務め、介護保険制度化過程に携わった。その経験から、現場ニーズとその制度化過程の溝を考える一助として、介護システムは、現場のニーズにどう対応していくかという観点に立って構築・改変されるべきものである。しかし、社会システムである以上、その政策決定過程における政治的な背景を無視することはできない。さらに、財政的・経済学的な制約がそこに加わることで、現場ニーズとの乖離はますます大きくなり、そうして造られた介護システムは現実に対応しない歪んだものになってしまうだろうと述べ、当時の審議会の役割を政治家に選択肢を提示するための政策メニューを整理するだけであったと述懐している。

制度のあり方を考えるときに、介護と医療は切り離せない。しかしその政策形成過程は一体的ではなかった。「厚生労働省行政の在り方に関する懇談会最終報告」[8]を受けて2009年7月から省内に「医療・介護改革調整会議」が設置され、介護報酬と診療報酬の調整が官僚を中心になされてきた。

しかし、介護報酬は「社会保障審議会給付費分科会」で、診療報酬は「中央社会保険医療協議会」で、別々に審議されている。結城が所属する「社会保障審議会介護保険分科会」と「同審議会医療部会」との合同会議も設置されていない。つまり、医療政策と介護政策の一体化は、一部官僚の間で検討されているにすぎず、限界がある。介護システムを再構築していくためには、医療と介護の制度化過程の一体化すべきであろう。

日本の介護システムは福祉制度の中に位置づけられる形でサービスが提供されていたが、2000年になって社会保障システムへと大きく変革された。

「老人福祉」や「保健制度」といった機能や役割は、介護保険制度に統合されていき、同制度は高齢者施策の大部分を担っている。例えば、本来特別養護老人ホームにおける「補足給付」は低所得者対応の「老人福祉制度」であり、「地域包括支援センター」「介護予防」は、「保健制度」

8　この懇談会は、「年金記録問題」や「薬害肝炎」「後期高齢者医療制度」等、厚生労働省行政が国民の信頼を失墜してきたのを受けて、新たな改革を踏み出すために設けられた。中では、医療と介護の一体的政策形成のために「保険局」「医政局」「老健局」の組織運営を、相互に連携の取れたものにすることが目指された。

としてあるべきシステムである。しかしそれらが社会保険方式である介護保険制度に統合されているのである。

「介護の社会化」は要介護者の増加、重度化に伴う家族介護の限界への対応策として登場している。それは多様な供給主体から提供される有償のサービスをも含んでいる。しかし本来は、公的責任においてまず「社会的介護」が整備されるべきである。「社会的介護」が量・質ともに十分整備されないために、多様なサービス供給主体を求め、「介護の市場化」が用意された。しかし「介護保険制度」の下では介護報酬や設置の認可等政策主体による規制も強く「疑似市場化」であるため、様々な矛盾や問題も発生している。

「社会的介護」ではなく「介護の社会化」という表現が、1990年以降の新たな高齢者介護システムの模索が始まったころから用いられ、介護保険制度発足前後に頻繁に使用されるようになることには、「公的責任」を薄めたいとの政策主体の意思が背景に存在する。

「社会保障制度に関する勧告」(1950)では戦後の社会的・経済的混乱と困窮への対応が考慮されたが、「社会保障将来像委員会第一次報告書」(1993)は、その後様々な変化、特に経済の変化が生じたとし高度成長を経て1973年の第一次石油危機を契機として低成長時代に入り、財政危機により社会保障制度の見直しが必要となったことを挙げている。

その「3社会保障をめぐる公私の役割(2)公的責任と個人責任」という節の中では「国民

の生活のすべてを公的部門が保障すべきであるとはいえず」第一次的責任は国民各自にあるとして、個人責任が公的責任と対置して議論されている。

しかし、個人責任の問題は自助責任の問題だけではない。自助責任が基底にありそれができないときに国家責任でではない。公的責任とは生活破綻のときだけではなく、国民の生活の維持や再生産についての恒常的責任を意味する。さらに、行政の公的責任の遂行を効果的なものにしていくために、主権者としての個人が果たす責任、例えば積極的な意味で行政責任を問うていく姿勢が福祉社会を下支えする。自己責任というと自助責任のみが強調されることには異議を申し立てたい

そのうえでさらに、「介護の社会化」の対象規定においては、要介護者と家族介護者支援だけでは完遂しない。家族以外の担い手、とくに介護労働者も対象規定に加え、必要なサービスや制度を整備して支援する必要がある。介護労働者は、憲法に保障されている生存権や労働基準法の人たるに値する生活を営むための必要を満たす労働条件で就労できてはいない。具体的には、処遇改善と社会的評価の向上、労働環境の整備、相談援助（研修、カウンセリング、ネットワーキング等）といった、経済的・社会的・肉体的・精神的支援である。要介護者、家族介護者、介護労働者各々に必要なサービスや制度を網羅したうえで、優先順位をつけて整備していくことが求められる。

# おわりに

## 1　南医療生協との再会

2024年9月3日金曜日、私は南生協病院の会議室にいた。南医療生協について知り、連携を模索するために。

実は、「はじめに」で紹介した「嘱託殺人事件」の裁判で、被告側の証人として出廷していたのは入院先の南生協病院の医師であった。不思議な縁を感じながら、私は会議室の椅子に座っていた。

ここに至るまでの顛末はこうだ。

私は、医療・福祉従事者に援助的コミュニケーションの研修をするファシリテーターとして、さらに「折れない心を育てるいのちの授業」を学校などに届ける講師として活動している。所属するエンドオブライフ・ケア協会（東京都港区虎ノ門）の千田恵子業務執行理事が9月3日に名古屋に来る。その時、南生協病院や南医療生協を訪問することになった。

千田さんは、アジア太平洋地域で高齢者ケアの領域で優れた取り組みを行っている団体を表彰する「アジア太平洋エルダーケアイノベーションアワード」のファイナリストとして選出されて参加、その時に「おたがいさま運動」でエントリーした南生協病院事務長の西岡麻知子さんと出会い、一度訪問したいと話し合っていた。そして、おひざ元の東海地方や名古屋にもパイプがあればなおよいのではとも考えていた。

そんな折、私は地域共生ネットワーク東海発足の会で、知人の安藤明夫元中日新聞編集委員に挨拶をしている「私、南医療生協の理事をしている杉浦直美と申します」との声を耳にした。「え！ 南医療生協？ 理事？」思わず同伴者と一緒に安藤記者の所に駆け寄り、頃合いを見計らって「安藤記者にお世話になっている岡と申します、実は……」と名刺を差し出しながら見学の話を持ち出してみた。

するとその場にいた藤田亜紀子桃山診療所所長ともつながり、9月3日の訪問が実現したのだ。

医療福祉生協の目的は「組合員一人一人が自分たちの豊かな暮らしを目指して集まった協同の組合。組合員みんなのくらしを守り、よりよくしていくこと」。資金は組合員が出資して、運営も組合員皆が参加する、議決権は出資金の多寡に関係なく一人一票、と説明を受けた。

南医療生協は伊勢湾台風の後、1961年に創立されて、名古屋市南区に診療所を開設、以来「時々の地域住民のニーズに基づき医療・介護を展開。〝誰もが取り残されない、安心安全なくらし〟を目指して、志を同じに活動する仲間をふやして事業を拡展させて、現在名古屋市緑区の総合病院南生協病院をはじめ12の診療所や施設、合計63の事業所を展開している。組合員数97、198人、職員数1、400人運営委員712人（2024年3月）体制で医療・介護・まちづくりに取り組んでいる。

まちづくりの要は、班会と3、497人の世話人だ。南医療生協の機関紙「健康の友」はすべて手配り、毎月47、746軒の組合員の手元に届けられる。毎月の手配りは、挨拶から始まり「この頃調子はどう？」と声を掛け合い、地域の顔なじみになり、安否確認の役割も果たしている。実際、いつも元気に出てくる一人暮らしの高齢者の応答がないため異変に気付き、病院のかかりつけ医に連絡を取り一命をとりとめたこともあるという。郵便受けの新聞や郵便物にも気を配り、たまっているときには声がけをしてもいる。

こうした日々の活動に加えて、市民のささえあい助け合いのネットワークでつくるおたがいさま運動が展開されている。

くらしの「困った」をささえあうおたがいさまシートに、助けて欲しいことを書くと地域ささえあいセンターに届き、地域や職場のおたがいさまサポーターに支援のお願いをして、協同で解決する仕組みになっている。

例えば、外来診察のときに患者が近くのスーパーが閉店して買い物に困っていると主治医に相談した。主治医はおたがいさまシートに記入して、その患者が住む地域の理事たちに相談する。その結果、移動販売の豆腐屋が惣菜・野菜の移動販売もやりましょうということになり、

1か月後にはその患者の住む地域の診療所の駐車場で移動販売がスタートした。

他にも、ギャンブル三昧だった患者は元床屋。男塾で参加者がその患者に生きがいがあればと考え、お金がなくて長年床屋に行けていない人のカットをお願いしてみた。ハサミなどの道具は手入れをしっかりしていた元床屋は、見事にカットしてくれる。私も私もと希望者が増え、寝たきり高齢者のカットなどもするうちに、彼には生きがいと役割ができ、ギャンブルから遠のくようになった。

総合病院から桃山診療所に移動して、その成り立ちや暮らしの保健室ももやまの様子、イベントなどについても話を聞いた。

藤田医師は、気分的に落ち込んでいる人には、ただ薬を出すのではなく、話をゆっくり聞いたり、時間的余裕がないときは「暮らしの保健室に必ず来てね！」と伝えたりして、投薬が必要かどうかを慎重に判断している。

お手製の「じんわりストレッチ」の紙を渡して、要介護状態になるのを防ぐことも。昼から夕診の間には、ぽかぽかとーく、絵手紙、ゴムバンド体操、ボッチャ、うたごえ喫茶など、住民が主体となって診療所の場所を使って開催するいろいろな取り組みに、地域の人が集まってくる。

桃山診療所は地域の人が自由に入れる居場所になっていて、患者でなくても待ち合わせに使ったり、バスを待っている間に涼んでいたり。そして、「困ったけど、どうしよう」と相談もできる。誰もが安心できる居場所が診療所の中にあるのだ。

薬ではなく、その人の得意とするところやできることを考えて、人と人のつながりを作り、活躍の場や役割を見つける。こうした実践は、西智弘（２０２２）の提唱する「社会的処方」のリンクワーカーとも重なっていく。

薬と同じように社会とのつながりを処方するから「社会的処方」、そしてそれは孤立という病を地域のつながりで治す方法である。イギリスで制度として取り入れられ、日本各地でも仕組みづくりが始まっているが、ここ名古屋でもすでに実践が始まっていた。

地域の人の居場所にもなっている桃山診療所

左から、西岡事務長　杉浦理事　藤田所長　千田ＥＬＣ理事　羽柴看護師　ＥＬＣ佐藤さん　岡

## 2　名古屋の女性たちの取り組みには地域づくりのヒントがいっぱい

私は、母を肺がんで亡くしたのち、がん告知ができなかったことなどを後悔して、1997年に医療の事前指定書を普及する「LMD研究会東海」（Lets Me Decide 私に決めさせて）を立ち上げて、2019年まで市民による活動を継続してきた。当初は「終末期医療についての指定なんて縁起でもない」とか、「医療の事前指定？　LMDって何？」とか言われた。しかし今は、厚生労働省から『人生の最終段階における医療の決定プロセスに関するガイドライン』（2007年）が提出され、後景には医療費の削減も見えるが、「アドバンス・ケア・プランニング」（ACP通称「人生会議」）の普及も開始された。これを受けて医療だけでなくケアも含む『人生の最終段階における医療・ケアの決定プロセスに関するガイドライン』に名称変更した改訂版が提出された。病院における延命治療だけでなく在宅医療・介護の現場でも活用できるように見直しを実施したためである。

LMD研究会の基本理念は、「あくまでも自己決定」「患者の権利を守る」ことである。これまでの普及活動は市民および医療・福祉従事者や施設への導入という一定の成果を果たしたが、今後は書き記した自己決定をいかに実現するか、その支援をどうするかが問われるのではないかと私は考え始めていた。

さらに、教え子たちの葛藤である。私は日本福祉大学社会福祉学部地域福祉コースにおいて、非常勤講師ではあるが演習を担当していた。2年間学生によっては3年間ゼミ生として共に学んだ卒業生の中には、障害者や高齢者の支援施設に就職する者がいる。その悩みを聞いていると、過酷な労働環境とともに「看取り」の体験が心身を蝕んでいることがわかってきた。

これら二つの課題を抱えた私は、知人からエンドオブライフ・ケアと小澤竹俊医師（めぐみ在宅クリニック）に関する情報を得、協会のホームページに行きつき、援助者養成基礎講座の受講生となったのである。2017年のことであった。

その日のうちに「この地域のファシリテーターや講座修了者の拠り所となる事務局を担当します」と名乗りを挙げた。それは講座内容から私の課題であった自己決定を実現する医療・福祉従事者との連携の可能性と援助を言葉にする講座内容から受けた感銘と、この地域には活動する人々を受け止める事務局がないことへの驚きから生まれたひらめきであった。

以来、シニアライフ研究所　りあもでんな代表としてとともに、エンドオブライフ・ケア協会のファシリテーターとして、さらには「折れない心を育てるいのちの授業」講師として、そして「ＥＬＣ東海」事務局として多くの仲間たちと活動を共にしている。ここ数年はオンラインによる研修などで、全国の会員たちとも活動を共にするなど活動の幅も拡がった。

そんな中で、私たちは医療・福祉の専門職が現場で多職種連携をするだけではなく、多層的に生活課題を抱える当事者とかかわりを持ち、地域福祉、地域包括ケアシステムや共生型地域社会の中で、専門職だけではなく企業やボランティア団体や多様な市民との協働を始めていることを知った。小・中学校などの教育現場への「折れない心を育てるいのちの授業」(苦しみを抱える子どもや大人が支えを強めるために)の提供もその一つである。各地方自治体の「地域福祉支援計画」や社会福祉協議会の「地域福祉支援活動計画」への参画も模索し始めている。「コンパッション都市」や「社会的処方」など、私自身、まさに「地域福祉」の新しいうねりの中に身を置いているのだ。

竹之内裕文(2022)は、「超高齢・多死社会において、衰弱や認知症を抱えながら、わたしたちはだれと支え合い、どのように日常生活を営み、最期を迎えたらよいのか。この問いに対して包括的な回答を提示するためには、『死生を支え合うコミュニティ』のビジョンが欠かせない」として、その道筋を「専門化・商品化されたケア・サービスの供給に問題解決を付託することに終始せず、『市民社会』を足場に『死生を支え合うコミュニティ』を形成することが求められる」と述べている。そしてコンパッションを支えにコミュニティを形成する「コンパッション都市」構想に着目する。

アラン・ケレハー(2022)は、「コンパッション」(compassion)という用語は、単なる好意や気づかいの感情以上のことを意味し、その中心には互恵性（reciprocity）と具体的行動（action）があるとする。

さらに、「コンパッション」という近代語は、ラテン語の二つの語根、'cum'（共に）と'patior'（苦を身に負う）に由来する。この語根が示唆するのはコンパッションとは、「他者と苦しみを分かち合うこと」、「他者の苦しみを耐え忍び、苦しみを担い支えること」となる。

改めて野村文枝さんやともに活動をしてきた方々の足跡をたどってみると、地域の現場で暮らしのなかで見つけた困難や苦しみといった生活課題解決のために、研究者や先行する活動から学び、仲間を募り、サービスを創造して実践し、制度化への道筋も整えていく、具体的な方法や知恵に溢れていることに気がつく。

その活動は、アラン・ケレハーの示すコミュニティ形成の実践モデルでは、「無給コミュニティ活動家」の、目的：代替的なサービスの創造、役割：自発的な行動主義、政治：インサイダー・サイトサイダー関係、スキル：政治的、コミットメント：常勤あるいは非常勤に相当するのではないかと思う。

そして「コンパッション都市」の構築を始めるための「行動戦略」を見ていると、その要となるのが「リンクワーカー」だ。

日本では、こうしたシステムをそのまま持ち込むのではなく、まちのみんなが「リンクワーカー的」に働く社会をめざしている。おせっかいおばさん、いっちょかみおじさんなどの地域人材が、それぞれ持っている知識や地域とのつながりをつなげ合う。

「地域福祉を考える会」の記録を見ると、１９９４年（平成６年）度の事業報告の中にシンポジストとして岡久美子の名前が記載されている。この年は「10周年記念誌編集委員会」の活動が始まった年でもある。これ以前の総会資料には名簿が添付されていないが、この年から1ブロックの会員としても岡久美子の名前が掲載されている。会とは30年のお付き合い、野村さんとはもう少し前からのお付き合いということになる。

会と野村さんや名古屋の女性たちが、地域の高齢者ニーズを解決するために、新しいサービスを開発して事業化したり、制度化を促したりした経緯をまとめ終えた今、２０２５年の現在でも、地域福祉のこれからにこの実践の記録が役に立つ情報だと確信している。

# 謝辞

名古屋の女性たちが自分事として「介護の社会化」に取り組む歩みを書き残したい、そして今活動をしておられる方々の参考になれば……。その思いが形になりました。

故中田照子教授（同朋大学大学院）、故滝村雅人教授（名古屋市立大学大学院）には研究の手法をご指導いただきました。

故野村文枝様、故近藤加津子様や取材にご協力くださった皆さま、本当にありがとうございました。

そして、提出できなかった博士論文を誰にでも読みやすい物語にしてはとアドバイスをくださり、伴走してくださった山本直子様にも、心からありがとう。

２０２５年４月吉日

岡　久美子

# 参考文献一覧

・アラン・ケレハー（竹之内裕文＋堀田聡子　監訳）（2022）『コンパッション都市　公衆衛生と終末期ケアの融合』慶應義塾大学出版会
・赤星俊一（2010）『ホームヘルパーさん「福祉の心」を大切に―憲法 25 条実現のために』あけび書房
・秋元美世（2007）『福祉政策と権利保障　社会福祉学と法律学との接点』法律文化社
・天田城介（2004）『老い衰えゆく自己の／と自由―高齢者ケアの社会学的実践論・当事者論―』ハーベスト社
・天野正子編集（2009）『新編日本のフェミニズム 3　性役割』岩波書店
・石井（岡）久美子（1997）「新しい活動への展開－彼女たちの挑戦は続く」児島美都子＋地域福祉を考える会編『どうします　あなたと私の老後　名古屋の女性がとりくむ「介護の社会化」』ミネルヴァ書房
・石井（岡）久美子（2007）「高齢者の地域生活を支える福祉システム～担い手に焦点を当てた小規模多機能ケアの考察～」同朋大学大学院人間福祉研究科 2007 年度修士論文
・石井（岡）久美子（2010）「高齢者の地域生活を支える小規模・多機能ケアの意義－宅老所・グループホーム運動と制度化の検証－」『中部社会福祉学研究』創刊号
・石井（岡）久美子（2012）「『介護労働者の雇用管理の改善等に関する法律』の研究」名古屋市立大学大学院人間文化研究科『人間文化研究』17
・石田一紀（2004）『介護福祉労働論』萌文社
・石原美智子（1999）「現場からみて介護保険で変わること」樋口恵子編『介護が変わるみんなで変える　女性が進める介護の社会化Ⅳ』ミネルヴァ書房
・井手英策（2013）『日本財政　転換の指針』岩波書店
・伊藤周平（1997）『介護保険　その実像と問題点』青木書店
・伊藤周平（2001）『介護保険を問い直す』筑摩書房
・伊東敬文（1996）「デンマークとドイツの介護政策と日本への教訓」里見賢治・
・二木立・伊東敬文（(1996）『公的介護保険い意義あり [ もう一つの提案 ]』ミネルヴァ書房
・井上千津子（2000）「第 1 章介護福祉の概念」一番ケ瀬康子監修『新・介護福祉学とは何か』ミネルヴァ書房
・井村圭壯・相沢譲二編著（2010）『高齢者福祉士と現状課題』学文社
・岩田正美（2008）「社会福祉政策における問題―“ 対象化のプロセス ”」日本社会福祉学会編『福祉政策理論の検証と展望』中央法規出版

・上野千鶴子（2009）立石真也共著「労働としてのケア」『現代思想』青土社
・宇野裕（1994）第 10 章「老人介護の社会的費用」社会保障研究所編『社会保障の財源政策』東京大学出版会
・浦井基子（2003)「家庭の主婦からホームヘルパーへ―介護保険制度施行の前と後」『ジェンダー研究』6 東海ジェンダー研究所
・G・エスピン・アンデルセン（2000)『ポスト工業経済の社会的基礎　市場・福祉国家・家族の政治経済学』訳渡辺雅男・渡辺景子 桜井書店
・G・エスピン・アンデルセン（2001)『福祉資本主義の三つの世界　比較福祉国家の理論と動態』著岡澤憲芙・宮本太郎監訳 ミネルヴァ書房
・大槻奈巳（2010）森ます美・浅倉むつ子編『同一価値労働同一賃金原則の実施システム　公平な賃金の実現に向けて』有斐閣
・大友信勝（1999)「介護保険導入にあたって考えておく」樋口恵子編『介護が変わるみんなで変える　女性が進める介護の社会化Ⅳ』ミネルヴァ書房
・小笠原祐次（1999)『“生活の場”としての老人ホーム　その過去　現在　明日』中央法規出版
・岡本榮一（2014）『日本ボランティア・ＮＰＯ・市民活動年表』大阪ボランティア協会ボランタリズム研究所監修明石書店
・落合恵美子（2011)「個人化と家族主義」ウルリッヒ・ベック / 鈴木宗徳 / 伊藤美登里編『リスク化する日本社会―ウルリッヒ・ベックとの対話』岩波書店
・春日キスヨ（1992)「イエ制度と性役割　介護とジェンダー」初出『月刊家族』
・春日キスヨ（2013)「男性介護者の増大と家族主義福祉レジームのパラドクス」『親密性の福祉社会学　ケアが織りなす関係』庄司洋子編東京大学出版会
・賀戸一郎・林祐一（2004)「小規模・多機能サービス拠点づくりに関する批判的研究―宅老所の実践の蓄積と問題の考察を通して―」『西南大学教育・福祉論集』3(2)
・鎌田ケイ子（2000a)「介護福祉における看護の役割」一番ケ瀬康子監修『新・介護福祉学とは何か』ミネルヴァ書房
・鎌田ケイ子（2000b)「介護福祉と他領域とのかかわり」一番ヶ瀬康子監修『新・介護福祉学とは何か』ミネルヴァ書房
・河合幸尾（1981)「日本における社会福祉の展開」仲村優一編集『講座社会福祉2　社会福祉の歴史』有斐閣
・熊沢誠（2013)『労働組合運動とは何か　絆のある働き方をもとめて』岩波書店
・児島美都子・野村文枝（1991)『介護マニュアル　在宅生活を支える地域活動』中央法規出版

・笹谷春美（2004）「福祉労働のジェンダー課題―介護労働の専門性―」杉本貴代栄編著『フェミニスト福祉政策原論』ミネルヴァ書房
・佐藤卓已（2008）『輿論と世論　日本的民意の系譜学』新潮社
・里見賢治・二木立・伊東敬文（1996）『公的介護保険い意義あり［もう一つの提案］』ミネルヴァ書房
・里見賢治（1996）「新介護保障システムと公費負担方式」里見賢治・二木立・伊東敬文（1996）『公的介護保険い意義あり［もう一つの提案］』ミネルヴァ書房
・真田是（1978）『現代社会問題の理論』青木教養選書
・澤田信子（2008）「序章社会福祉に求められる介護」中島紀恵子編社会福祉士養成講座14『介護概論』中央法規出版
・篠崎良勝編（2000）『どこまで許される？ホームヘルパーの医療行為』一橋出版
・渋谷光美（2014）『家庭奉仕員・ホームヘルパーの現代史　社会福祉サービスとしての在宅介護労働の変遷』生活書院
・下村恵美子（2001）『九八歳の妊娠　宅老所よりあい物語』雲母書房
・下村恵美子（2005）「可能な限り地域で暮らすために」杉山孝博・高橋誠一編『小規模多機能サービス拠点の本質と展開』全国コミュニティライフサポートセンター（CLC）
・下山昭夫（2001）『介護の社会化と福祉・介護マンパワー』学文社
・杉岡直人（2006）「小規模多機能サービス拠点の成立条件と多面的展開に関する研究」小規模多機能研究会
・杉崎千洋・吉浦輪（1991）「住民参加型在宅福祉サービスはホームヘルプサービスの中核になりうるか？―名古屋市『地域福祉を考える会』協力員の業務・意識調査と利用会員実態調査を基にした実証的研究」『日本福祉大学紀要』85（1）
・杉崎千洋（1997）「ボランティアからの出発－地域福祉を考える会のあゆみ」「オンブズマンとして上方発信者として－地域福祉を考える会のいま」児島美都子＋地域福祉考える会編『どうしますあなたと私の老後 名古屋の女性がとりくむ「介護の社会化」』ミネルヴァ書房
・杉本貴代栄（2012）『福祉社会の行方とジェンダー』勁草書房
・全国社会福祉協議会（2010）『全国社会福祉協議会百年史』社会福祉法人全国社会福祉協議会
・高木和美（2006）「ホームヘルプサービス政策の推移－看護・介護労働者の差別的利用構造の展開」『賃金と社会保障』1411 旬報社

・高崎真一（1992）「介護労働者の雇用管理の改善等に関する法律について」『ジュリスト』1007 有斐閣
・高橋誠一（2003）「小規模多機能ホームとは何か」小規模多機能ホーム研究会編『小規模多機能ホームとは何か』全国コミュニティライフサポートセンター
・田河慶太（1992）「看護婦等の人材確保の促進に関する法律について」『ジュリスト』1007 有斐閣
・滝村雅人（2003）『対象論的視点による障害者福祉制度』さんえい出版
・武川正吾（1993）第 1 章「高齢社会における社会政策」京極高宣　堀勝洋編著『長寿社会の社会保障』第一法規
・武川正吾（2011）「日本における個人化の現象」ウルリッヒ・ベック / 鈴木宗徳 / 伊藤美登里編『リスク化する日本社会―ウルリッヒ・ベックとの対話』岩波書店
・竹中恵美子（2001）「新しい労働分析概念と社会システムの再構築」竹中恵美子・久場嬉子監修竹中恵美子編『労働とジェンダー』明石書店
・田中由紀子（2000）「介護福祉の歴史」一番ケ瀬康子監修日本介護福祉学会編『新・介護福祉学とは何か』ミネルヴァ書房
・堤修三（2010）「介護保険創設時を顧みて」鏡諭編・介護保険原点の会『総括・介護保険の 10 年～ 2012 年改正の論点～』公人の友社
・堤修三（2010）『介護保険の意味論　制度の本質から介護保険のこれからを考える』中央法規出版
・津止正敏（2007）「男が介護するということ」津止正敏・斉藤真緒『男性介護者白書　家族介護者支援への提言』かもがわ出版
・中井紀代子（2004）「2 章　高齢社会と介護の社会化」杉本貴代栄編著『フェミニスト福祉政策言論』ミネルヴァ書房
・中島紀恵子（1992）「第 1 章介護の働き」福祉士養成講座編集委員会編集　改訂介護福祉士養成講座 12『介護概論』中央法規
・中島紀恵子（2008）「第 1 章　介護の働き」中島紀恵子編　社会福祉士養成講座 14『介護概論』中央法規出版
・中野いずみ（2011）「『介護の社会化』と介護保険制度～家族介護に焦点をあてて～」静岡福祉大学紀要 7
・中野英子（1995）「高齢者介護の社会化について」『人口問題研究』
・中野麻美（1991）「介護労働者の情熱と専門性をどう実りあるものにするか」『賃金と社会保障』3 月上旬号 旬報社
・中村優一他（1981）『講座社会福祉 2 社会福祉の歴史』有斐閣

・二木立（1996）「公的介護保険の問題点」里見賢治・二木立・伊東敬文　1996『公的介護保険い意義あり［もう一つの提案］』ミネルヴァ書房
・西智弘（2022）『社会的処方』学芸出版社
・野村文枝（1997）「ボランティアからの出発－地域福祉を考える会のあゆみ」「ボランティアからの出発」児島美都子＋地域福祉を考える会編『どうしますあなたと私の老後 名古屋の女性がとりくむ「介護の社会化」』ミネルヴァ書房
・野村文枝（2007）『野村文枝の本　学習もだいじ　実践もだいじ』自費出版
・橋本宏子（1976）「老人福祉法の成立とその意義」福島正夫編『家族　政策と法　現代日本の家族政策 2』東京大学出版会
・服部良子（2001）「ケア・ワークとボランタリー・セクター」竹中恵美子・久場嬉子監修竹中恵美子編『労働とジェンダー』明石書店
・平野隆之・奥田佑子（2005）「宅老所・グループホームの発展段階」宅老所・グループホーム全国ネットワーク小規模多機能ホーム研究会編『宅老所・グループホーム白書 2005』全国コミュニティライフサポートセンター
・平野隆之（2007）「市町村による小規模多機能ケアの育成」平野隆之・高橋誠一・奥田佑子著『小規模多機能ケア実践の理論と方法』全国コミュニティライフサポートセンター
・深澤和子（2002）「福祉国家とジェンダー・ポリティックス　－ジェンダー関係の戦略的転換への道－」宮本太郎編著『福祉国家再編の政治』ミネルヴァ書房
・藤崎宏子（2009）「介護保険制度と介護の『社会化』『再家族化』」『福祉社会学研究』6　福祉社会学会　東信堂
・牧里毎治（1992）「地域問題から見た家族福祉」野々山久也編著『家族福祉の視点―多様化するライフスタイルを生きる』ミネルヴァ書房
・増田雅暢（2003）『介護保険見直しの争点　政策過程からみえる今後の課題』法律文化社
・森川美絵（2014）「社会政策におけるケアの労働としての可視化－介護労働の評価からみた介護保険制度の課題」『社会政策』第 5 巻第 3 号
・水町勇一郎（2011）『労働法入門』岩波書店
・三富紀敬（2011）「介護の社会化論と介護の歴史認識再考」『立命館經濟學』第 59 巻第 6 号立命館大学経済学会
・三好春樹（2005）『介護の専門性とは何か』雲母書房

・村瀬孝生（2003）「小規模多機能ホームのケアの本質とは？ー実践者からのメッセージー」宅老所・グループホーム全国ネットワーク編『宅老所・グループホーム白書 2004』全国コミュニティライフサポートセンター
・本沢巳代子（1996）『公的介護保険ドイツの先例に学ぶ』日本評論社
・森ます美・浅倉むつ子（2010）森ます美・浅倉むつ子編『同一価値労働同一賃金原則の実施システム　公平な賃金の実現に向けて』有斐閣
・屋嘉比ふみ子（2007a）「すべての職場で『ペイ・エクイティ』の視点を『京ガス男女賃金差別裁判』を闘って」『季刊　女も男も』110
・屋嘉比ふみ子（2007b）『なめたらアカンで！女の労働　ペイ・エクイティを女たちの手に』明石書店
・屋嘉比ふみ子（2010）「ペイ・エクイティ　同一価値労働同一報酬原則 均等待遇を！」『労働調査』労働調査協議会 483
・安川悦子（2000）「分業論再考」『フェミニズムの社会思想史』明石書店
・山田和代（2010）「第２章　医療介護サービス職の職務評価」森ます美・浅倉むつ子編『同一価値労働同一賃金原則の実施システム　公平な賃金の実現に向けて』有斐閣
・結城康博（2011）『日本の介護システム　政策決定過程と現場ニーズの分析』岩波書店
・吉原雅昭（1997）「公的介護保険構想をめぐる政治過程とノン・アジェンダ：地方分権　地方自治及び地方財政責任の視点から」『社会問題研究』46(2)
・渡辺靖志（2002）「福祉協働運動としての宅老所の展開と当事者の主体形成ー島根県出雲市『ことぶき園』の事業実践を中心にー」「日本の地域福祉」編集委員会編『日本の地域福祉』日本地域福祉学会 16
・渡辺靖志（2003）「家族会による宅老所運動の展開と当事者の主体形成ー島根県出雲市『やすらぎの家』の事業実践を中心にー」「日本の地域福祉」編集委員会編『日本の地域福祉 』日本地域福祉学会 17
・渡辺靖志（2004）「宅老所運動の協同的展開と福祉のまちづくりへの可能性ー福岡市『宅老所よりあい』の事業実践を中心にー」「日本の地域福祉」編集委員会編『日本の地域福祉』日本地域福祉学会 18

岡　久美子（おか　くみこ）

一九四九（昭和二十四）年、名古屋市生まれ。自分自身の問題として女性・こども・高齢者の問題解決をテーマに活動。日本福祉大学などの非常勤講師を二〇二〇年三月まで務める。

同朋大学大学院人間福祉研究科修士課程修了。

名古屋市立大学大学院人文社会学部人間文化研究科博士後期課程満期退学。

一九九三年からシニアライフ研究所りあもでんな（http://www.riamo.net/）代表。

二〇〇三年から二〇〇六年まで、グループホームにてケアワーカーとして勤務。

二〇一九年からエンドオブライフ・ケア協会（ＥＬＣ）認定ファシリテーター・おれない心を育てるいのちの授業講師およびＥＬＣ東海事務局としても活動。

著書に『こころの旅 そして 私のエンディングノート』（ゆいぽおと　二〇一九年）。

共著に『どうしますあなたと私の老後』（ミネルヴァ書房　児島美都子＋地域福祉を考える会編、一九九七年）、『なごやボランティア物語』（風媒社　二〇二〇年）など。

装画　茶畑和也
装丁　佐藤明美

表紙カバーの絵は2011年3月11日の東日本大震災後、28日から毎朝、
復興を願って一つずつ描き続けているハートです。
表：2025年2月7日　いろんなハート5067　あったまるね、、、
裏：2024年10月2日　いろんなハート4939　かきはじめたよ、、、


最期まであんきに暮らそまい
介護の社会化を進めた名古屋の女性たち

2025年5月2日　初版第1刷　発行

著　者　岡　久美子
発行者　ゆいぽおと
〒461-0001
名古屋市東区泉一丁目15-23
電話　052（955）8046
ファクシミリ　052（955）8047
https://www.yuiport.co.jp/
発行所　KTC中央出版
〒111-0051
東京都台東区蔵前二丁目14-14
印刷・製本　モリモト印刷株式会社




ISBN978-4-87758-569-3 C0036

ゆいぽおとでは、
ふつうの人が暮らしのなかで、
少し立ち止まって考えてみたくなることを大切にします。
テーマとなるのは、たとえば、いのち、自然、こども、歴史など。
長く読み継いでいってほしいこと、
いま残さなければ時代の谷間に消えていってしまうことを、
本というかたちをとおして読者に伝えていきます。